Reggae

Reggae

Andrés López Martínez

MA
NON
TROPPO

MA
NON
TROPPO

Un sello de Redbook ediciones
Indústria 11 (pol. Ind. Buvisa)
08329 Teiá (barcelona)
info@redbookediciones.com
www.redbookediciones.com

© 2016, Andrés López Martínez
© 2016, Redbook Ediciones, s. l., Barcelona

Diseño de cubierta: Regina Richling
Diseño de interior: César Muñoz

ISBN: 978-84-15256-99-1
Depósito legal: B-19.310-2016

Impreso por Sagrafic,
Plaza Urquinaona 14, 7º-3ª
08010 Barcelona

Impreso en España - *Printed in Spain*

Índice

Introducción

Es necesario entender las letras, su profundo significado.
Esta es la música del tercer mundo, una bendición,
es la noticia cantada, la que no se enseña en la escuela.

Bob Marley

Para el rastafarismo jamaicano, el reggae ha tenido y tiene el uso bien definido de, mediante la música, huir de la frustración y la opresión social. Como género de gran impacto internacional, el reggae ha logrado imponerse a las limitaciones idiomáticas y geográficas, gracias a su mensaje reivindicativo en términos políticos, sociales y de raza. Sin embargo, y al mismo tiempo, sus más puristas seguidores consideran que la comercialización y propagación que de este género se ha llevado a cabo no ha sido la correcta. Quizá por ello, los sectores más reaccionarios de rastafaris se aferran a la música nyabinghi, la cual se sigue interpretando en ceremonias y celebraciones rituales y que se caracteriza por el toque de tambores.

El nombre 'Nyahbinghi', 'Victoria negra' en suajili, fue tomado de una legendaria reina que gobernó Uganda durante el siglo XIX y luchó contra los colonialistas alemanes, si bien la cuestión percutiva se vincula con la reina Kitami, de la que la leyenda dice que poseía un tambor sagrado y de sonoridad colosal.

La percusión es un símbolo de identidad africana para los rastafaris, quienes creen que el espíritu de energía divina de Jah está presente en el tambor, y musicalmente sus orígenes se remontan a los tambores Burru, usados por los Asantes, etnia de Ghana, introduciéndose posteriormente en la comunidad rastafari de Kingston a través de los negros cimarrón, los esclavos africanos declarados en fuga por los distintos esclavistas coloniales caribeños y que en Jamaica lograrían la libertad en el siglo XVIII.

Ajeno al concepto que de ella tiene el público occidental, el reggae está en evolución constante y ha ido albergando diferentes estilos; es una música que ha influido, pero que también se ha visto influida, permeabilidad ésta que le ha permitido expandirse y que cada nuevo estilo surgido en Jamaica en los últimos cincuenta años haya dado a conocer, de una manera u otra, lo que le ocurre a los jamaicanos, ya sea en términos políticos o sociales.

1. Historia

Albores

Mi música es música de protesta; música que protesta contra la esclavitud, los prejuicios clasistas, el racismo, la desigualdad, la discriminación económica, la falta de acceso a oportunidades y la injusticia que sufríamos en Jamaica bajo el colonialismo.

Prince Buster

El origen etimológico del término 'reggae' se le atribuye a Clancy Eccles, quien hizo una casual y coloquial alteración del vocablo patois 'Streggae' ('mujer fácil'), mientras que su hallazgo en grabaciones se encuentra en el título del tema "Do the reggay" que en 1968 grabaron Toots and the Maytals, formados por Frederik 'Toots' Hibbert, Henry 'Raleigh' Gordon y Nathaniel 'Jerry' McCarthy. Antes de registrar este tema legendario, el trío había publicado dos discos, *Never Grow Old, Presenting The Maytals* (1963), producido por Clement 'Coxsone' Dodd en Studio One y con Skatalites como banda de acompañamiento, y el muy recomendable *The Sensational Maytals* (1965), producido por Byron Lee. Y así, tras una temporada de éxitos menores, grabaciones supervisadas por Prince Buster y problemas con la justicia, Hibbert escribiría "Do the reggay", producida por Leslie Kong y distribuida en Jamaica por el sello que el propio Kong había fundado en 1961, Beverly's Records. En Gran Bretaña la canción vería la luz a través de Pyramid Records, que formaba parte del sello Doctor Bird Records, creado por el ingeniero de sonido australiano Graeme Goodall, tras su marcha de Island Records, discográfica ésta última que había fundada por Leslie Kong y Chris Blackwell en 1959:

I got a rich one, do you love me?
Do you really want me with all your heart?

I want to do the reggay with you
Come on to me, do the dance

Is this the new dance? Going around the town?
We can move you baby
(Then) Do the reggay, do the reggay, reggay (...)

Toots and the Maytals publicarían entre 1970 y 1980 algunos discos de gran interés, como *Funky Kingston*, de 1973, *In the Dark* y *Reggae Got Soul*, ambos de 1976, o *Just Like That*, de 1980, y su aportación al género queda más que evidenciada por la revisiones que de algunos de sus temas hicieron bandas británicas como The Specials ("Monkey man") o The Clash ("Pressure drop") y ya más recientemente por el reconocimiento que obtuvieron con *True Love*, su álbum de 2004 con el que ganaron el Grammy al Mejor Álbum de Reggae y en el que intervinieron artistas de la talla de Eric Clapton o Ben Harper.

* * *

Dejando a un lado su origen etimológico, el nacimiento musical en sí del reggae se remonta a mediados de los años cincuenta del pasado siglo XX, al combinar y suceder estilos tan diversos como el ska, el rocksteady, el rhythm & blues, el jazz, el mento y el calypso. Como se puede apreciar, toda una amalgama de sonidos de origen africano y esparcidos por los descendientes de los esclavos repartidos por el norte y el centro de América.

MENTO Y CALYPSO

Como primeros predecedentes directos del reggae nos encontramos con el mento y el calypso.

En el caso del mento, cuya edad de oro se produjo en los años cincuenta, gracias a artistas como Stanley Motta o Ken Khouri, para posteriormente quedar confinado a un estilo interpretado para agrado de los turistas, se valía de instrumentos como la guitarra acústica, el banjo, la percusión y la marímbula, un peculiar instrumento de origen africano que consiste en una caja de madera, cuya función es la de resonancia y a la que se adhieren una serie de placas de metal que al percutirlas producen notas musicales.

El mento conservaba ciertos elementos musicales aportados por los esclavos traídos de África, combinados con la influencia europea inculcada por los gustos de los terratenientes blancos.

Por su parte, el calypso fue el resultado de la tradición musical africana, en concreto de Nigeria y Congo, y francesa, que en el siglo XVII dio lugar al 'Kaiso', estilo popular en islas como Granada, Barbados y Dominica y que acabó extendiéndose por el resto de países caribeños. Su principal característica era el uso de barriles de petróleo reciclados, conocidos con el nombre de 'steeldrums', como instrumento de percusión.

La primera grabación de la que se tiene constancia fue la del tema "Mango vert", llevada a cabo en 1912 en Nueva York para Columbia Records por el combo de Trinidad y Tobago Lovey's String Band. Décadas después, el primer éxito internacional sería "Rum and coca-cola", escrita por Lord Invader y Lionel Belasco, ambos también trinitenses, e interpretada por las Andrew Sisters en 1945. No obstante, la máxima figura del estilo fue Lord Kitchener (1922-2000), autor de más de trescientas canciones y figura muy reconocida en su Trinidad natal, al haber sido ganador en once ocasiones del Carnaval de Road March y en una ocasión, en 1975, del título de Monarca del Calypso.

SOUND SYSTEMS O EL PRELUDIO DE INSOSPECHADAS RAMIFICACIONES SONORAS

Los primeros y rudimentarios estudios de grabación jamaicanos, aparecidos en los años cuarenta, solían ubicarse en el salón de una casa, en las trastiendas de los establecimientos o en cualquier otro espacio improvisado y ajeno a las estipulaciones formales técnicas. Parejo a los mínimos recursos era el insignificante número de copias que se comercializaba de cada canción en formato 78 rpm. Nunca el término 'do it yourself', que se acuñaría durante los años del movimiento punk, ha adquirido tanta verosimilitud.

Poco después, con la llegada de los años cincuenta, comenzaron a aparecer emprendedores como Stanley Motta o Ken Khouri, éste último fundador del sello Records Limited, que quisieron profesionalizar el método y el contexto de las grabaciones autóctonas, si bien inicialmente el grueso de los títulos distribuidos provenía de Estados Unidos. Además, ante la falta de medios, la fase final del proceso de grabación, la masterización, debía realizarse en Nueva York o Londres.

Al mismo tiempo, y ya que los sellos jamaicanos ejercían de meras filiales de las majors estadounidenses, los nuevos artistas de la isla buscaban su propio hueco grabando canciones que presentaban a los propietarios de los sound system, potentes equipos de sonido que amenizaban y promovían improvisadas sesiones de baile y que solían adquirirse en Wonards Radio Engineering, una tienda de electrodomésticos y aparatos electrónicos regentada por Albert Rodney Wong y su esposa Elsie Honour en el número 55 de la calle Church de Kingston.

* * *

A los sound systems de los años cincuenta los jóvenes acudían con sus mejores galas y rara vez se producían altercados. Estas fiestas se convirtieron en todo un fenómeno social, un acontecimiento sobre el cual podría decirse que giraba buena parte de la vida de los jóvenes de los barrios humildes de Kingston. Los sound systems implicaban una pequeña fuente de ingresos para la comunidad en la que se organizaban, pues no solo beneficiaba a los DJs, sino que también implicaban ingresos extras para bares y establecimientos de comida. Incluso los niños podían ganarse algunas monedas devolviendo a las fábricas los envases de las botellas vacías de bebidas.

Los primeros sound systems fueron los de Tom the Great Sebastian (que poseía el equipo de sonido más potente de todos en la primera mitad de los años cincuenta), King Edwards y Count Smith, los cuales fácilmente reunían a un millar de personas. Se organizaban casi todas las noches y los fines de semana solían durar hasta altas horas de la madrugada. Los equipos existentes a mediados de los años cincuenta tenían ya la suficiente potencia como para lograr que la música, más que escucharse, se sintiese. Para un público ferviente por desconectar de una realidad poco halagüeña, los DJs pinchaban el soul más desgarrador, el merengue más frenético y las baladas más conmovedoras.

Los primeros y más populares DJs fueron Prince Buster (alias de Cecil Campbell), Clement 'Coxsone' Dodd y Arthur 'Duke' Reid, quienes con el tiempo serían insospechados responsables del devenir de la música popular jamaicana. No obstante, la competencia que existió entre ellos en su momento hace que Reid sea, además, merecedor del poco gratificante título de mentor de las disputas en los dancehall; en ocasiones, entraba a hombros de sus secuaces, delincuentes en algunos casos, engalanado con una corona de joyas falsas en los locales donde pinchaban música sus competidores con el propósito de reventar a cualquier precio el evento. Pero aunque Reid también se le debe recordar por ser el primero en contratar a músicos de jazz jamaicanos con los que produjo una serie de piezas instrumentales, muchos consideraban Downbeat, el sound system de 'Coxsone' Dodd, el mejor que ha habido en toda Jamaica.

Por su parte, a Prince Buster se le debe el interés de los rastafaris por los sound systems, lo que a partir de 1959 implicó que sector poblacional se convirtiese en años sucesivos en pieza elemental en la evolución y popularización de la música jamaicana. Los sound system se convirtieron en el caldo de cultivo para que algunos jóvenes soñasen con convertirse en cantantes. El principal descubridor de aquellos nuevos intérpretes fue Vere Johns, el hombre más influyente de la música jamaicana de la segunda mitad de los años cincuenta, articulista musical y organizador de eventos, cuya finalidad fue la de descubrir nuevos talentos, como sería el caso de Desmond Dekker, los Wailers, Alton Ellis, John Holt o Laurel Aitken.

SKA

Antes de 1962(*) no se podía tocar ska en una fiesta,
y a partir de aquella noche tenía que sonar ska para que la fiesta fuese un éxito.

Byron Lee

El ska y el reggae son expresiones musicales hermanadas, aunque existiendo entre ambas aspectos sonoros, culturaes e ideológicos diferentes. Por ejemplo, el ska, la primera música jamaicana que no se limitó a copiar el estilo de Estados Unidos, se caracteriza por su vertiente de baile, sobresaliendo, en un momento dado de su historia, los temas instrumentales ante los vocales. Testigo de un período histórico esperanzador tras la independencia de Jamaica del Reino Unido el 6 de agosto de 1962, el ska nunca fue muestra de expresión política y social. Como Jimmy Cliff lo definiría, "el ska era un ritmo optimista, una expresión del estado emocional de la gente".

En contraposición, el reggae corrió parejo, entre 1977 y 1983, a una etapa de crisis galopante, en la que tras la victoria del PNP (People's Nacional Party), el primer ministro y antiguo sindicalista Michael Manley se decantó por políticas socialistas que de inmediato contaron con el rechazo de Estados Unidos, lo que en la práctica se tradujo en el desinterés de las multinacionales mineras que operaban en la isla. Los ingresos por las exportaciones

* Año de la independencia de Jamaica (N. del A.)

disminuyeron substancialmente y con ellos los recursos financieros para políticas sociales. La situación no mejoraría a pesar de la entrada en el gobierno en 1980 del derechista Edward Seaga, que tuvo que vérselas con el desamparo del Fondo Monetario Internacional, el aumento de la deuda externa y el elevado número de desempleados. El caos social, económico, político y cultural acabó por inspirar muchas de las letras de las canciones reggae.

* * *

Pero volvamos al ska y a su aparición en Kingston a comienzos de los años cincuenta, lo que justamente coincidió con el flujo migratorio de la población rural a la capital jamaicana. A modo de distracción y libres de los prejuicios sociales de los urbanitas, los recién llegados solían reunirse en las calles y plazas en las que se distraían con la música de los sound systems, que se hacían eco de los éxitos de jazz y rhythm and blues de Estados Unidos. Los sound system eran tan populares que en ocasiones llegaban a congregar a varios cientos de personas.

A pesar de su sofisticado nombre, los sound system no eran más que camiones cargados con un tocadiscos y altavoces de gran potencia; sin embargo, y a pesar de su precariedad, resultaron cruciales en la evolución de la música jamaicana y en la proyección del ska, el rocksteady, el reggae y el dub, incluso en Gran Bretaña a partir de los años setenta, gracias a los jamaicanos que llegarían a las islas.

Las 'sound systems' fueron imprevisiblemente fundamentales para el posterior desarrollo de la industria discográfica jamaicana, a pesar de que en sus inicios se limitaban a 'pinchar' música producida en Estados Unidos, pues hasta 1954 no existió industria musical autóctona; tan solo algunas grabaciones de mento, a cargo de Stanley Motta o Ken Khouri. Para cambiar las tornas, 'Coxsone' Dodd y 'Duke' Reid empezaron a contratar a músicos que solían actuar en hoteles para turistas y para grabar canciones que se prensaban en un único single que después ellos mismos pinchaban en sus respectivos sound system. El primer sello discográfico que apareció en Jamaica fue West Indian Records Limited, creado por Edward Seaga en 1958. Poco después se irían sumando otros hombres clave, como 'Duke' Reid y 'Coxsone' Dodd, que fundaron, respectivamente, los sellos Treasure Isle y Studio One. Éste último el primero propiedad de un negro.

Con una actividad frenética, ya que en él se grababa a diario y sin una planificación previamente establecida, la importancia de Studio One resultaría crucial para el devenir de la música jamaicana, tal y como opinaría la cantante Marcia Griffiths, para quien "Studio One era la Motown de Jamaica". Entre 1954 y 1980, año en que 'Coxsone' Dodd se trasladaría a Nueva York, por Studio One pasarían artistas como Bob Marley, Lee 'Scratch' Perry, Burning Spear, Alton Ellis o Skatalites, siendo, además, testigo privilegiado de la rápida evolución musical que a lo largo de los años sesenta se produjo en Jamaica.

Muchos de los músicos a los que podía considerarse de sesión que pululaban por Studio One, salían de las hordas de alumnos de la Alpha Boys School, una escuela para niños de familias sin recursos situada en el número 26 de South Camp road. Por sus aulas pasaron los miembros fundadores de Skatalites (Johnny 'Dizzy' Moore, Don Drummond, Tommy McCook y Lester Sterling) y músicos como Rico Rodriguez, Dizzy Reece, Cedric Brooks o Yellowman.

* * *

A la incipiente industria musical hubo que sumar la proliferación de emisoras radiofónicas, cuyo número se duplicó en 1959. En su labor en favor de la música se debe destacar la Jamaican Broad Corporation, JBC, que a través de programas como Teenage Dance Party y Jamaican Hit Parade ayudó decisivamente a la difusión de la nueva música jamaicana.

La primera grabación que vinculó a la industria con el medio radiofónico fue "Easy snappin", producida en 1956 por 'Coxsone' Dodd en su Studio One y escrita por el pianista Theophilus Beckford (1935-2001). La canción no lograría el éxito hasta 1959, aunque entonces sería número 1 en Jamaica, permaneciendo en listas ¡dieciocho meses!, llegando a distribuirse en Gran Bretaña en 1960 a través del sello Blue Beat.

Por entonces, finales de los años 50, en las sesiones de grabación participaban un reducido grupo de músicos que eran contratados por 'Duke' Reid, Prince Buster y 'Coxsone' Dodd, adalides éstos de la nueva música jamaicana. Músicos como Val Bennett, Rico Rodriguez, Ernie Ranglin o Jerome Hines, entre otros, solían intervenir en las grabaciones bajo los nombres de Duke Reid Group, Blues Basters o All Stars. Músicos con talento, productores hábiles y artistas ávidos de triunfo. Una combinación determinante a la hora de confabular una generación y un movimiento musical.

Pero el detonante sonoro que hizo que la música jamaicana se convirtiese en el fenómeno que es hoy en día fue "Oh Carolina", una canción producida en 1960 por Prince Buster, quien la distribuyó a través de su sello Buster Wild Bells (en Gran Bretaña, Blue Beat), e interpretada por el trío Folkes Brothers (John, Mico y Junior Folkes) y en la que también colaboraron, bajo el nombre de Pricne Buster All Stars, el percusionista Count Ossie, imbuido en el ritmo nyabinghi, y el pianista Owen Gray, quien para la introducción del tema se inspiró en "'Cause I love you", que Rufus & Carla Thomas habían publicado aquel mismo año a través del sello Stax. El propio Buster definió "Oh Carolina" como "el sonido de los jamaicanos negros y pobres".

* * *

Fue en 1961 cuando se produjo el momento crucial del ska, aunque no existe unanimidad a la hora de concretar el origen etimológico del término. Algunos apuntan a la expresión "¡Skavoovie!" que el bajista Cluett Johnson, líder de la Clue J. & the Blues Blasters, empleaba a modo de saludo. El pianista Theophilus Beckford, ocasional miembro de los Blues Blasters, la cita como suya, después de haberla oído en alguna ocasión entre el público. Otros apuntan que fue Byron Lee quien acuñó la palabra. Por último, y quizá la más aceptada, es que el vocablo debe atribuírsele a Prince Buster, según la siguiente historia: Buster se disponía a producir las primeras sesiones para su flamante sello, Wild Bells, financiadas por Duke Reid, cuando durante la grabación de un tema le pidió a 'Jah Jerry' Haynes, algunos años después miembro de los Skatalites, que cambiase el ritmo ("Change the gear, man"), comentario que el guitarrista acató enfatizando el segundo y cuarto tempo, dando origen así al popular ritmo del ska (cuyo nombre, según el guitarrista Ernest Ranglin, era una referencia onomatopéyica del sonido que hacían las guitarras, 'ska-ska-ska').

Como muchos de los recién llegados al ska eran cantantes, las primeras manifestaciones de ska presentaban una expresión vocal con una amplia gama de estilos. Curiosamente, el uso de vocalistas pasó a primer plano rápidamente, después de que las emisoras de radio se alejasen de la música instrumental al considerarla más propia de los sound systems. Grupos como los en aquel entonces muy populares Jiving Juniors, los Techniques en los años de Slim Smith, Alton Ellis & the Flames y los Gaylads se inspiraron en las formaciones estadounidenses especializadas en las armonías vocales, tanto en su técnica como en su presentación, con repertorios en los que predominaban los melodramas de amor adolescente característicos de la música popular estadounidense en los años anteriores. En este terreno eran especialmente frecuentes los dúos vocales, como Keith & Enid, Bunny & Skitter, Alton & Eddie, Roy & Millie o Derrick & Patsy, parejas que, al tomar prestado del country & western el gusto por los duetos melosos, fueron vitales en la consolidación de las siempre exitosas baladas románticas del ska.

No obstante, los músicos jamaicanos, si bien imitaron en lo musical a los norteamericanos, acuñaron rápidamente en cuanto a letras sus propios temas, inspirados en sus vivencias humildes y plasmados mediante el comentario y la protesta social. También empezó a usarse la espiritualidad, a instancias en este caso de los Maytals o Justin Hinds & the Dominoes.

* * *

Una de las primeras ocasiones en las que el ska se dio a conocer en el ámbito internacional fue en 1964, cuando Jimmy Cliff, The Blues Busters, Monty Morris y Millie Small, todos ellos con los Dragonaires de Byron Lee como banda de acompañamiento, se presentaron en la Feria Mundial de Nueva York. Como uno de los cincuenta y ocho países participantes, Jamaica quiso presentar al mundo desde el Flushing Meadows-Corona Park neoyorquino el más novedoso producto de su cultura.

El diario *Morning Telegraph* de Nueva York, en un artículo publicado el 12 de agosto de aquel año, informaba:

> «El Singer Bowl de la Feria Mundial se animará esta noche cuando el ska, el nuevo baile, sea presentado por los jamaicanos que crearon este ritmo sensacional.
>
> Variante de un baile popular jamaicano, el ska se puede describir como un cruce entre el twist y un shuffle, con sabor caribeño.
>
> La estrella de este espectáculo gratuito, de 8 a 10 de la tarde, será Millie Small, cuya grabación de "My boy lollipop" en ritmo ska del sello Smash ha estado en la lista de superventas durante las últimas catorce semanas. Estará acompañada por Byron Lee y su Jamaica Ska Band de doce componentes; Jimmy Cliff, un famoso vocalista; The Blues Busters, conjunto de canción y música, y varios bailarines de talento que volarán también hacia aquí desde Kingston, Jamaica, expresamente para el concierto».

Como se ha dicho, de los artistas enviados a la Feria Mundial de Nueva York, fue Millie Small quien pondría el nombre de Jamaica en el negocio musical internacional, tras alcanzar el número 1 en Gran Bretaña y el número 2 en Estados Unidos con la citada versión de "My boy lollipop", producida por Chris Blackwell, que en 1956 había sido compuesta por Robert Spencer, miembro del grupo doo-wop los Cadillacs, e interpretada por Barbie Gaye bajo el título "My girl lollipop". No obstante, la versión a cargo de Millie Small llegaría a vender seis millones de singles en todo el mundo.

Por otro lado, la elección de los Dragonaires, sin embargo, condicionó el resultado de las actuaciones de los artistas seleccionados, quienes sin sus músicos habituales de acompañamiento no lograron conectar con el despistado público estadounidense. El problema era que los Dragonaires era una banda de calypso que tocaba música para que bailasen los turistas hospedados en los hoteles de la costa norte de Jamaica y su elección corrió a cargo de Edward Seaga, por entonces responsable del departamento de Bienestar Social y Desarrollo Económico. En opinión de Jimmy Cliff, Seaga "había visto en la música una mercancía valiosa para exportarla, pero no quería correr ningún riesgo con los que la habían creado. No se los tomaba en serio porque aquellos tipos eran chavales de la calle, pero seleccionó a los niños-bien pensando que darían una imagen mejor de Jamaica, una imagen con la que la gente se sentiría cómoda. Puede que hubieran estudiado, pero no tenían el espíritu de la música".

* * *

La música jamaicana iría introduciéndose en el negocio musical norteamericano lentamente, hasta que en 1967 se produjeron dos episodios germinales: por un lado, Prince Buster consiguió colarse en las listas de la revista *Cashbox*, logrando el puesto número 35 con su álbum *10 Commandments of Man*; por otro, Kool DJ Herc, el posteriormente conocido como 'el padre del hip-hop', se estableció en Nueva York y montó un sound system que si bien en sus orígenes se basaba con lógica en el ska y el rocksteady, fue adaptándose a la escena estadounidense, pinchando más rhythm and blues y soul y creando en 1973 el denominado 'breakbeat', extracto de una canción del que se deja al descubierto la sección rítmica, innovación que le daría la paternidad del 'scratch'.

Por contra, en Gran Bretaña el ska se introduciría con rapidez gracias a la llegada a este país de un buen número de artistas jamaicanos, de los que en un principio destacaron dos: Laurel Aitken, oriundo cubano que en los años sesenta llegó a publicar casi un centenar de singles y que además de ganarse el alias de 'el padrino del ska' se convertiría en el gurú de los skinheads británicos, y Derrick Morgan, quien más tarde, y desde el ska, evolucionaría, pasando por el rocksteady, hasta el reggae, tal y como evidenciaría su versión de 1969 de "Seven letters", original de Ben E. King, considerada el primer single de reggae.

Debido a la considerable población emigrante caribeña, en Gran Bretaña el ska contaría con un público estable y fiel, que en sus comienzos estuvo formado por los llamados 'rude boys', jóvenes originarios de los barrios marginales de Jamaica y que se vieron trasladados a los arrabales de las principales poblaciones británicas. Posteriormente, en 1977, el ska recuperaría con creces su antiguo esplendor gracias al movimiento Two Tone, que secundarían grupos como Madness, Beat, Bad Manners, Specials o Selecter, entre otros.

ROCKSTEADY

(...) Now, this court is in session,
And I order all you rude boys to stand!
You're brought her by a verdict for shooting and raping,
Now tell me, rude boys, what have you to say for yourselves ?

Your honour,
Rudies don't fear,
Rudies don't fear no boys

Rougher than rough, tougher than tough
Strong like lion, we are iron (...)

de la canción "Tougher than tough", de Derrick Morgan

A mediados de los años sesenta, el rocksteady, al igual que había sucedido con el ska, apareció en los suburbios de Kingston y recurría al rhythm and blues y al soul y, como es lógico, se presentaba como el sucesor directo del ska. Musicalmente, daba mayor protagonismo al bajo eléctrico, que ejecutaba líneas mucho más melódicas, a lo que mucho contribuyó el buen hacer de Lloyd Brevett, miembro fundador de los Skatalites, y a la guitarra eléctrica, con el trinitense Lynn Taitt como referente. La adopción en ese momento de ambos instrumentos electrificados resultaría decisiva para el posterior reggae y el entroncamiento de éste con el rock anglosajón de los años setenta. Curiosamente, la electrificación de la música popular jamaicana se produjo en un contexto musical internacional que había visto cómo en el mes de julio de 1965 Bob Dylan había roto con ciertas pautas puristas no escritas sobre la canción de autor durante su actuación en el Festival de Newport poniendo electricidad a su repertorio, algo que en Gran Bretaña ya habían popularizado poco antes los Kinks y Rolling Stones dando un paso más, la distorsión, en temas tan conocidos como "You really got me" y "Satisfaction", respectivamente.

Pero volviendo a Jamaica, hubo otra razón menos inspiradora que favoreció el cambio de sonido de su música y que implicó desdeñar la sección de vientos: la económica. Ante la imposibilidad de competir con los grandes productores, los pequeños sellos de la isla apostaron por realizar grabaciones sin las costosas secciones de viento, dando así un mayor protagonismo a la voz, lo que favoreció el descubrimiento de nuevos cantantes. Este paso se justificó por la propia evolución de la música norteamericana, que había pasado del rhythm & blues al soul, estilo que apadrinó los tríos vocales.

De este modo, el rocksteady permitió que los grupos de vocalistas pudiesen desarrollar su técnica, al predominar los temas lentos y melódicos. Uno de los primeros referentes fueron los Heptones, formados por Leroy Sibbles, Earl Morgan y Barry Llewellyn y que tomaron como referencia a grupos estadounidenses como los Impressions o los Temptations. Los Heptones, surgidos al cobijo de Studio One, abrieron en 1967 la veda de formaciones vocales del rocksteady con el tema "Fattie fattie", que en un principio fue prohibido por las emisoras de radio, pero que se hizo popular mediante el boca a boca.

* * *

El orígen etimológico y musical del rocksteady se encuentra, respectivamente, en las canciones "Rock steady", de 1969, y "Girl I've got a date", de 1967, ambas de Alton Ellis & the Flames, conocido su líder como el 'Padrino del rocksteady'. No obstante, como temas "progenitores" del estilo hay quienes también señalan a "Take it easy", publicada en 1967 por Hopeton Lewis y con el respaldo en la producción de Richard Khouri y de Lynn Taitt & The Jets en el acompañamiento musical; "Tougher than tough", una pieza de 1967 cuya letra se adelantaba al estilo reivindicativo del reggae

en boca de Derrick Morgan, o "Hold them", producida por Joe Gibbs y que
vio la luz en el single que en 1966 publicó su autor, Roy Shirley, miembro
de los Uniques.

Como ya se ha comentado, la aparición del rocksteady coincidió con el
apogeo de los rude boys, jóvenes de origen humilde y desarraigados del sistema político-social de los primeros años de la independencia de Jamaica y
que se veían reflejados en canciones como "Rude boy gone jail", de Desmond Baker & the Clarendonians; "No good rudie", de Justin Hinds &
the Dominoes, o "Don't be a rude boy", de los Rulers, éxitos todos estos de
1966 y canciones cargadas de contenido social en sus letra. Otro eslabón que
une al rocksteady inmediatamente con el posterior reggae.

En sus dieciocho meses de vida, el rocksteady tuvo su traslación directa en
un tipo de baile cuya coreografía era similar a la del ska, aunque un tanto
menos enérgica, pues su tempo también era más lento. Y esta disminución
del tempo se debió en parte a la tensión que se respiraba en los dancehalls, a
los que solían acudir las bandas callejeras que entendían estas reuniones como
ocasión para marcar su territorio, algo que Alton Ellis describió en su canción
"Dance crasher" ('Revientabailes'): "Oh, dance crasher / Don't break it up /
Please don't make a fuss / use a knife / Take another feel of life".

A la necesidad de tranquilizar las tumultuosas sesiones de baile, se sumó el
gusto de los músicos por el jazz o el swing, así que el ska se tornó rocksteady,
en busca de una música más relajada.

* * *

Al igual que el ska, el rocksteady también saltó a la palestra internacional,
consiguiendo su primer éxito en 1968 gracias al tema "Hold me tight", interpretado por el norteamericano Johnny Nash y que fue número 5 tanto en
Gran Bretaña como en Estados Unidos. Precisamente, Nash, que en 1965
había fundado el sello JAD, comenzaría a trabajar aquel mismo 1968 con
músicos jamaicanos, siendo quien tiempo después presentaría Bob Marley a
Chris Blackwell, propietario de Island Records.

El catalizador del lanzamiento del rocksteady, y tal y como anteriormente
ya lo había sido del ska, fue el productor 'Duke' Reid, responsable de la
grabación de "Girl I've got a date", de Alton Ellis, canción grabada en los
estudios de su sello, Treasure Isle, ubicados en el número 33 de la calle Bond
de Kingston. Asimismo, Reid estaría detrás de los discos de formaciones
como Techniques, Silvertones, Jamaicans o Paragons, a las que inculcó el

peculiar estilo vocal del rocksteady. A estos artistas no tardarían en sumarse otros como Delroy Wilson, Ken Boothe o Derrick Harriott, todos ellos de enorme éxito en Jamaica, así como Desmond Dekker y Phyllis Dillon, quienes, en mayor o menor grado, alcanzaron repercusión internacional.

Por otro lado, a finales de los años sesenta la industria musical jamaicana era uno de los pocos sectores que aportaba beneficios a la isla a través de las divisas. Sin embargo, el gobierno no atendió, ni mucho menos mimó, esta fuente de ingresos, lo que, de haberlo hecho, habría aportado cuantiosos beneficios al país. En la práctica, el único gesto hacia los músicos jamaicanos por parte de la Administración había sido el haber enviado la representación encabezada por Byron Lee a la Feria Mundial de 1964.

A finales de los sesenta y principios de los setenta la situación cambió diametralmente y empezaron a entrar en el negocio gente dispuesta a invertir dinero con el único objetivo de ganarlo. Buscaban temas que, aún respetando la idiosincrasia musical del género, resultasen atractivos para el público de todo el mundo. Ese interés especulativo coincidió con una nueva generación de artistas, entre los cuales estaban Keith Hudson, Glen Brown, Johnny Clarke, Burning Spear, Big Youth o los Wailers, que se decantaron por escribir letras revolucionarias en torno a la realidad social y que musicalizaban y después grababan en pequeños estudios de poblaciones como Port Antonio, Spanish Town u Ocho Ríos, creando involuntariamente lo que podría denominarse una escena alternativa. De hecho, para Burning Spear "de no haber sido por la época en la que había tantos pequeños agentes –estudios, productores, sound system y tiendas–, la eclosión del reggae no habría sucedido".

A ese momento de letras inconformistas corresponde la canción "Satta massa gana", himno rastafari y ejemplo de roots reggae por antonomasia, para la cual los Abyssinians se inspiraron en el Antiguo Testamento y parcialmente interpretada en amárico, una lengua de Etiopía (el título de la canción significa "Da gracias y reza"). Eso sí, aunque grabada en 1969 en Studio One, no vería la luz hasta dos años después, una vez que el grupo fundó su propio sello, Clunch, y pudo comprar los derechos a 'Coxsone' Dodd.

Que buena parte de los músicos jamaicanos fueran rastafaris, en una proporción superior a la de la población de la isla, implicó que a partir de 1971 los artistas dejasen de lado las canciones de amor y se decantasen cada vez más por hablar de la Biblia, de Jah, de la hierba sagrada, del retorno a África o de las aflicciones del pueblo. En correspondencia, la música se adaptó a estas temáticas disminuyendo el tempo y utilizando acordes menores.

El público jamaicano fue el primero en escuchar ese cambio. Su actitud cambió y muchos de los que antes habían sido rude boys, tras percatarse de que la violencia no cambiaba nada, empezaron a buscar soluciones en su propia cultura, a tener presente sus orígenes africanos y a retomar su sentido de raza. De ahí el origen etimológico del término 'roots reggae': la gente busca su propia voz y la encuentra en la conciencia negra. El reggae primerizo celebró la independencia, pero el movimiento rasta y la música roots mostraron el descontento de los desfavorecidos una vez éstos vieron que con la independencia no les había llegado su oportunidad para prosperar.

El mérito a la grabación que determinaría la definitiva eclosión del reggae en todo el mundo recae en dos títulos, citados según el parecer del crítico o aficionado al que se le pregunte: en base a su papel decisivo en su expansión y el relieve de la figura de su autor, muchos, la gran mayoría, citan *Catch A Fire* de Bob Marley, aunque hay otros, los menos, que defienden la banda sonora de la película *The Harder They Come*, tanto por el hecho de que su guión rezumaba el espíritu roots, como por una inevitable cuestión cronológica (la película se presentó en el Festival de Cine de Venecia de 1972 y su banda sonora se publicó en Estados Unidos el 8 de febrero de 1973, mientras que el disco de Marley vería la luz el 13 de abril de 1973).

En el éxodo a Gran Bretaña

La música jamaicana que está emergiendo gracias al fenómeno del reggae es una de las
fuerzas políticas más influyentes de este país, ya que se trata de una gran herramienta
para el cambio. Es el primer medio de expresión genuinamente popular y la gente lo
emplea para cantar sobre sus aflicciones, sus tragedias, su desesperación
y así obligan a esta sociedad a comprenderles.

Michael Manley

No te muevas solo al ritmo de la música, escucha lo que estoy diciendo.

Bob Marley

Musicalmente, el cambio del rocksteady al reggae vino definido por el uso
del shuffle en el órgano que hizo Byron Lee y que se puede escuchar en canciones "Say what you're saying", interpretada por de Eric 'Monty' Morris
y producida por Clancy Eccles, o "People funny boy", escrita, interpretada
y producida por Lee 'Scratch' Perry, publicadas entre 1967 y 1968, si bien
"Long shot", que los Pioneers publicaron en 1969 bajo la producción de
Leslie Kong, es la que se considera primer ejemplo formal del género.

Hay quienes, no obstante, se remontan aún más atrás en el tiempo y
atribuyen como primera figura de música rastafari al percusionista Count
Ossie, cuando en los años cincuenta formó su propia banda y comenzó a
registrar algunas piezas, coincidiendo con Prince Buster, posterior pionero y uno de los máximos representantes del ska.

Count Ossie presentaría varias grabaciones de burru y kumina, danza
afro-jamaicana, en las que introdujo tambores akete, utilizados en la música nyahbonghi, inspirándose en el percusionista nigeriano de bop y jazz
Babatunde Olatunji, quien a finales de los años cincuenta y por mediación
del colosal John Coltrane y el histórico productor John Hammond había
logrado publicar sus primeros discos en Estados Unidos.

Pero es en 1968 cuando aparecen los primeros temas de reggae genuino,
como "Nanny goat", interpretado por Larry Marshall y producido por

'Coxsone' Dodd, o "No more heartaches", interpretada por The Beltones y escrita y producida por Harry Johnson, mientras que como primer éxito internacional se señala al tema anteriormente citado "Hold me tight", compuesto e interpretado por el norteamericano Johnny Nash. Como se puede comprobar, en la eclosión del género no hay que olvidar el trabajo velado de productores como 'Coxsone' Dodd, Lee 'Scratch' Perry o Leslie Kong, como tampoco el de otros como 'Duke' Reid, Joe Gibbs, King Tubby o Chris Blackwell, todos ellos con muchos años a su espalda en lo referente a la evolución de la música jamaicana desde finales de los años cincuenta.

"SOY NEGRO, Y SOY COMPLETAMENTE BRITÁNICO" (JAZZIE B.)

A finales de los años sesenta los rastas se habían hecho con el control del reggae para transformar letras, sonidos y producción en un himno hacia su Jah Rastafari. Diez años después, el jamaicano más famoso de la historia no era otro que un devoto rasta que se había instalado en una gran mansión colonial de Hope road (Kingston), a unos pasos de King's House, la antigua residencia del gobernador general de Jamaica. Como cantaba Jacob Miller en "Dread inna Babylon", los rastas se habían instalado en Babilonia, tanto en sentido literal como en sentido figurado.

Desde el punto de vista musical, y resumiendo la historia desde sus orígenes explicada hasta este momento, el reggae es producto de la música estadounidense, el soul y el gospel, así como de la tradición moderna jamaicana, que incluye el mento y el calypso. Apareció en Trenchtown, una zona suburbial de Kingston, en la que a mediados de los años cincuenta eran muy populares las emisoras de radio musicales de Estados Unidos. De ahí que de manera natural los músicos amateurs comenzasen a fusionar la música tradicional autóctona con el rhythm and blues y el jazz.

La aparición del soul en Estados Unidos en los años sesenta resultaría decisiva para dar más tarde forma al reggae, que a comienzos de los años setenta conquistaría Gran Bretaña a través de la extensa colonia jamaicana que desde finales de los años cuarenta había cruzado el Atlántico forzosa y paulatinamente a resultas del aumento del desempleo, un 30 por ciento. Este elevadísimo porcentaje de paro en Jamaica fue consecuencia de una inexistente política que no regulase el flujo de trabajadores de la agricultura a la industria, al tiempo que el país vivía bajo el despótico control del comercio, la política y la sociedad ejercido por las dieciséis familias más importantes de la isla. De ahí que los humildes, desamparados y desesperados, iniciasen su diáspora transoceánica el 21 de junio de 1948, día en el que el buque Empire Windrush atracó en un muelle de Londres y desembarcase cuatrocientas noventa y dos jamaicanos, la vanguardia de la posterior oleada de millares de caribeños que cambiaron el devenir de Gran Bretaña.

Aquellos cuatrocientos noventa y dos pasajeros, entre los que se encontraba Lord Kitchener, el trinitense posteriomente merecedor del título de Monarca del Calypso, fueron alojados temporalmente en un refugio abandonado hasta que se les permitió asentarse en Brixton, un barrio obrero situado en el sur de Londres. Su llegada tardaría mucho tiempo en ser motivo de bienvenida; más bien todo lo contrario, como lo demostrarían episodios tan deleznables como las revueltas raciales de 1958 en Notting Hill o las declaraciones del político conservador Enoch Powell, quien en 1968 advirtió en el parlamento británico que si continuaban llegando inmigrantes jamaicanos las calles del país se convertirían en "ríos de sangre". La catastrofista predicción de Powell no se cumplió y la comunidad jamaicana acabó integrándose razonablemente en la sociedad británica.

VIDA EN LA MADRE PATRIA

El flujo migratorio desde el Caribe no simplemente singnificó la llegada de un buen número de personas, sino también la de sus costumbres, cultura y tradiciones. Por tanto, la difusión en Gran Bretaña de la música jamaicana acabaría siendo inevitable. En cifras oficiales, a mediados de los años cincuenta vivían entre doce y quince mil jamaicanos en Gran Bretaña, aunque a finales de aquella misma década ascendió rápidamente a los cincuenta mil.

En 1962, año en que el Parlamento debatió la Commonwealth Inmigration Bill (regulación que tasó el número de emigrantes de los distintos países de la Commonwealth que podían asentarse en el Reino Unido e iniciativa que el líder de la oposición, el laborista Hugh Gaitskell, tachó de "normativa cruel y brutal"), el censo ascendía ya a unos 150.000.

Por aquel entonces, los jamaicanos desempeñaban puestos de trabajo correspondientes a los escalafones más bajos de sectores como el transporte, la sanidad pública o la restauración. Ocupar esos rangos bajos era debido en buena parte a las presiones que los sindicatos recibían por parte de los trabajadores blancos autóctonos, y lo que en un principio se limitó a la reserva de los mejores puestos de trabajo acabó convirtiéndose en un creciente recelo humano y xenófobo que alimentó los graves incidentes de 1958 en Nottingham y Londres, avivados por grupos de extrema derecha, y de otros numerosos incidentes menos publicitados protagonizados por envalentonados teddy boys.

En el día a día, a pesar de los esfuerzos de la justicia y la mayor parte de la sociedad blanca por evitar esos enfrentamientos, la población negra jamaicana veía coartado su albedrío. Por ejemplo, a los jóvenes se les restringía el acceso a clubs y discotecas, de ahí que la única opción que les quedaba para divertirse fuese organizar sus propios eventos. Así, en 1955 Duke Vin organizó el primer sound system de Londres, el Duke Vin the Tickler's, seguido poco después por Count Suckle, quien al asentarse también en Landbroke Grove hizo estallar la primera rivalidad entre sound systems británicos, siguiendo la tradición de Kingston.

Tanto Vin como Suckle también llevaban sus sesiones a otros puntos de la geografía británica, como Birmingham, Brixton o Reading, desarrollándose éstas, por lo general, en casas particulares o sótanos denominados 'shebeens', una palabra gaélica que se refiere a la mala cerveza. Y de aquí surge una peculiar conexión entre jamaicanos e irlandeses, ya que en los 'shebeens' coincidían ambas nacionalidades, ignoradas por igual por el establishment británico. De hecho, en muchos anuncios de empleos de la época no resultaba raro encontrar la reseña "Ni negros ni irlandeses"; en los de ofertas de hospedería ésta se ampliaba a "Ni perros, ni negros, ni irlandeses".

El conflicto con los emigrantes e hijos de emigrantes negros continuaría a lo largos de los lustros, perpetrado incluso por la misma policía británica, tal y como recogen canciones como "Blues dance raid", de Steel Pulse; "Police and thieves", de Junior Marvin, o "Three Babylon", de Aswad. La máxima tensión policía/juventud negra llegó durante la segunda mitad de los años setenta, con una actitud violenta y de pocas contemplaciones. Intimidación física y verbal y cacheos sin fundamento realizados al amparo de las 'leyes Sus' ('sus' de 'suspected', 'sospechoso' en castellano), basados en un decreto contra la vagancia que databa de 1824, recuperado en los setenta por el consistorio de Londres y de inmediato también aplicado por otros núcleos urbanos.

Esta ancestral y restrictiva normativa posibilitaba la detención sin prueba alguna en nombre de la lucha contra el crimen, siendo puesta en práctica y con esforzado celo por los Special Patrol Groups, unidades de policía de talante agresivo que, por fortuna, no iban provistos de armas de fuego, circunstancia que, sin duda, evitó un buen número de incidentes de fatal desenlace, pero que acabó siendo el detonante de la revuelta popular que tuvo lugar durante el carnaval de 1976 en Notting Hill.

* * *

Al igual que ya había sucedido en Jamaica, a los sound systems surgidos en Gran Bretaña les precedió una nueva hornada de intérpretes. El primer single grabado en ese país por un artista jamaicano fue el tema "Lonesome lover", de Laurel Aitken, publicado en 1960 por el pequeño sello Melodisc, propiedad de Emil Shallit. El éxito de la canción de Aitken hizo que Shallit se asociase con su colaborador Siggy Jackson y fundasen en el mes de agosto de aquel mismo 1960 Blue Beat, sello especializado en música jamaicana y que se estrenó con los singles "Boogie rock", de Aitken, y "Dumplin's", de Byron Lee & the Dragonnaires. Inicialmente, a Blue Beat se le identificó con el denominado blues jamaicano, pero fue con el ska cuando el sello alcanzó su apogeo, llegando a lanzar más de trescientos singles en tres años y dando lugar a la aparición de otros sellos filiales, como Dice, Limbo, Duke, Chek, Rainbow y Fab.

Al calor del éxito de Blue Beat hubo pequeñas discográficas que atendieron con desgana el creciente gusto por la música jamaicana, como Starlight, Carnival, Ska Beat o Rio. En 1962 apareció Island Records, de Chris Blackwell, que empezó a distribuir las producciones de 'Duke' Reid, 'Coxsone' Dodd, King Edwards, Desmond Dekker y un largo etcétera.

Sea como fuera, Shallit y Blackwell consiguieron con algunos de sus singles ventas de diez mil copias, una cifra nada despreciable a finales de 1963, justo en vísperas de que la industria británica se viese superada por la beatlemanía. De hecho, en aquellos días el ska era uno de los sonidos más populares del circuito underground y el primer acercamiento de los círculos autóctonos extrajamaicanos se produjo con la inclusión del ska en la programación del Flamingo Club, el club que Jeffrey Krueger había inaugurado en 1952, y que permanecería abierto hasta 1967, situado en Wardour Street, 33-37, en pleno Soho, orientado hasta entonces al rhyhtm & blues y el jazz.

El cambio de orientación musical del Flamingo se hizo tras la contratación del sound system de Count Suckle y éste tuvo tal éxito que el reputado

Marquee, aún en la calle Oxford, decidió también avenirse a programar ska. Por su parte, Suckle fue contratado para pinchar todas las noches en el recién abierto Roaring Twenties de Carnaby street, al que inicialmente acudían chicos blancos judíos, para luego también permitir la entrada a los de color, y que se beneficiaría poco tiempo después por la circunstancia de verse ubicado en el epicentro del denominado Swinging London, el epicentro de la moda joven en los años sesenta, siendo habituales del local miembros de los Beatles y los Rolling Stones.

El propio Suckle fundaría su propia sala, el Q Club, en la calle Praed, al norte del Hyde Park londinense. Precisamente la proximidad del local a los barrios ricos de la capital del Támesis permitió que el ska accediese a un público blanco y con recursos económicos, entre los que se incluían estrellas de cine y miembros de la nobleza. No obstante, el sector blanco formado por los mods fue el que realmente aceptó, hizo suyo y propagó el ska en Gran Bretaña, haciendo de Prince Buster el adalid del género.

Definitivamente, el ska empezó a hacerse notar en Gran Bretaña en 1964, mediante tres pseudotemas: "My boy lollipop", de Millie Small, que subió hasta el número 2 y se convirtió en el séptimo single más vendido de aquel año, por delante de "Pretty woman", de Roy Orbison, y "A hard day's night", de los Beatles; "Mockin' bird hill", del quinteto blanco The Migil Five, que fue Top 10, y "King of kings", versión que los efímeros Ezz Reco & the Launchers hicieron del tema original de Jimmy Cliff y que los llevaría a entrar en el Top 40. A la par que estos temas, aparecieron dos mucho más genuinos: "Al Capone", escrita, producida e interpretada por Prince Buster, y "Guns of Navarone", compuesta por Dimitri Tiomkin y Paul Webster, producida por 'Coxsone' Dodd e interpretada por los Skatalites.

* * *

Después de llegar a Gran Bretaña en 1964, como resultado de su contrato con Island Records, Jimmy Cliff aún tardaría seis años en conseguir entrar en el Top 10, haciéndolo entonces gracias a las canciones "Wild world" y "Vietnam". Esta última mereció los elogios del mismísimo Bob Dylan, que la describió como una de las mejores canciones de protesta que había escuchado nunca.

(...) Yesterday, I got a letter from my friend fighting in Vietnam
And this is what he had to say:

'Tell all my friends that I'll be coming home soon
My time'll be up some time in June. Don't forget', he said.
'To tell my sweet Mary,
her golden lips are sweet as cherry'...

It was just the next day, his mother got a telegram
It was addressed from Vietnam
Now mistress Brown, she lives in the USA
And this is what she wrote and said:'Don't be alarmed'
she told me the telegram said: 'But mistress Brown your son is dead'

And it came from Vietnam, Vietnam
Vietnam, Vietnam
Vietnam, Vietnam, hey, Vietnam
Somebody please stop that war now (...)

Dos años después, en 1972, Cliff protagonizaría *The Harder They Come*, película dirigida por Perry Henzell y en la que daba vida a Ivanhoe Martin, un delincuente jamaicano famoso en los años cuarenta. Lo trascendental es que la película, en la que Prince Buster realizaba un cameo, sería uno de los difusores más importantes que tuvo el reggae en todo el mundo y, de hecho, su banda sonora se convirtió en el disco de reggae más vendido durante los años setenta.

* * *

A caballo entre los años 1960 y 1970, en Jamaica se sucedía la publicación de canciones que alcanzaban el éxito internacional, permitiendo que artistas como Maytals, Melodians, Freddie Notes & the Rudies o Dave & Ansell Collins se acomodasen en lo alto de las listas de éxitos con, respectivamente, piezas como "Monkey man" (número 47 en Gran Bretaña), "Rivers of Babylon" (incluida en la banda sonora de la película *The Harder They Come* de Jimmy Cliff y que en 1978 popularizarían Boney M en Europa), "Montego bay" (Top 10 en Gran Bretaña, Canadá, Australia y Estados Unidos) y "Double barrel" (el segundo tema reggae en entrar en las listas de éxitos británicas).

Sin dejar de ser un estilo que representaba la expresión del pueblo jamaicano, el reggae se convertiría rápidamente en una de las expresiones musicales más populares de los años setenta, en buena parte debido a su fusión con el rock y a su aceptación por ilustres artistas de renombre. De hecho, los propios Beatles, en concreto Paul McCartney, ya habían hecho una tímida referencia al género en *Ob-la-di Ob-la-da* (pieza incluida en el doble *The Beatles*, 1968). El liviano reconocimiento de McCartney al reggae no solo se limitaba a la música de la canción, sino que en la letra de ésta, cuando canta "Desmond has a barrow in the market-place", hace referencia a Desmond Dekker, quien precisamente en 1969 llevaría a cabo una exitosa gira de conciertos por toda Gran Bretaña que incluyó un lleno hasta la bandera en el estadio de Wembley, mientras que la frase "Ob-la-di, ob-la-da, life goes on, brah" era una expresión que el *beatle* había oído pronunciar a Jimmy Scott-Emuakpor, músico de artistas como Georgie Fame, Stevie Wonder o Rolling Stones y Bad Manners.

Con el tiempo, otros artistas también de élite se sentirían atraídos por el reggae, como Led Zeppelin, con el tema "D'yer mak'er" incluido en su álbum *Houses of the holy* (1973). Aunque inspirado en el dub, el guitarrista Jimmy Page lo definiría como un cruce entre "reggae y el tema de los años cincuenta 'Poor little fool', de Ben E. King". Pero sería el también guitarrista Eric Clapton el rockero blanco anglosajón que daría el espaldarazo definitivo al reggae con su celebérrima versión de *I shot the sheriff*, original de Bob Marley e incluida en su álbum *461 Ocean Boulevard* (1974). La versión de Clapton no tan solo conseguiría el número 1 en Estados Unidos (donde el single despachó un millón de copias), sino que, además, fue incluida en el Grammy Hall of Fame en 2003.

COCIENDO EL REGGAE

Si el ska constituyó el nacimiento de la música popular jamaicana moderna y el rocksteady fue su truculenta adolescencia, el reggae representaría su madurez.

Lloyd Bradley, periodista musical

Los primeros discos del reggae, tal y como se conoce en la actualidad, se publicaron a comienzos de 1968. En esas grabaciones se constata una aceleración del ritmo y la libertad que daba a sus intérpretes a la hora de componer e interpretarlo, rechazando los patrones que hasta entonces imitaban la música norteamericana y entroncaba con el verdadero latir de la isla.

La incorporación del denominado 'organ shuffle' resultó decisiva, permitiendo que el bajo no tuviese un papel tan preponderante y se interrelacionase con la batería, creando de esta manera lo que posteriormente se denominaría sonido drum'n'bass. La percusión encontró su espacio en la sincopada estructura del reggae, que favoreció la inclusión de instrumentos tan tradicionales como bongos, maracas y ralladores, predominantes hasta la llegada del mento. Una mezcolanza ecléctica que también incluía arreglos orquestales, armonías vocales y cadencias pop.

De todas estas nuevas incorporaciones e ideas progresistas hizo acopio Clement 'Coxsone' Dodd, quien desde Studio One y respaldado por el teclista Jackie Mitto y el bajista Leroy Sibbles marcaría las pautas durante los dos primeros años del reggae. Studio One sería la meca del género y haría de Sibbles uno de los grandes nombres de la música jamaicana, a pesar de que su nombre nunca se haya propagado de manera adecuada.

* * *

"Double barrel" de Dave & Ansell Collins, tras vender 300.000 copias en tan solo un mes, alcanzó en el mes de mayo de 1971 el primer puesto de las listas de éxitos británicas y consolidó la música jamaicana entre el público inglés aficionado al pop. El dúo remató aquella proeza con su siguiente single, "Monkey spanner", que permanecería un mes en el Top 10. "Double barrel" había sido escrita por el dúo a finales de 1969 y grabada a comienzos del siguiente año, recibiendo el impulso definitivo en el Reino Unido por parte del propietario del sello Trojan, Lee Gopthal, que animó a los Collins a llevar a cabo una gira de ocho meses como promoción de los dos sencillos citados y que también incluiría su aparición en el popular programa de televisión *Top of the Pops*.

Precisamente, Gopthal fue uno de los impulsores del reggae en Gran Bretaña, siendo conocedor de la forma de trabajar tanto de los sellos y músicos jamaicanos como de los equivalentes británicos de éstos. En la segunda mitad de los años sesenta, Gopthal poseía la cadena Musik City, especializada en música reggae y con establecimietnos repartidos por los barrios británicos en los que se asentaba la comunidad negra. Su siguiente paso fue el asociarse con Chris Blackwell y constituir una serie de pequeños sellos de los que destacaría Trojan, fundado en 1967 y que se encargó de la distribución del material producido por 'Duke' Reid. Por entonces, no tardaron en aparecer otros sellos dedicados al reggae, como Doctor

Bird, propiedad de Graeme Goodall; Pama, de los hermanos Palmer, y
Bamboo, de Clement 'Coxsone' Dodd, éste último insatisfecho con la distribución a distancia de sus producciones y en 1969 decidido a controlarlas
'in situ' con Junior Lincoln como gestor. Fue la tenaz voluntad de Gopthal
por hacerse con el público pop británico la que hizo de Trojan el sello más
importante de reggae, hito que conseguiría en 1969 con la publicación
de tres singles de éxito: "You got soul", de Johnny Nash; "Israelites", de
Desmond Dekker, y "The liquidator", de Winston Wright. Además, aquel
mismo año, Trojan conseguiría colocar otros tres temas en el Top 20: "It
mek", también de Desmond Dekker; "Return of Django", de los Upsetters, y "Wonderful world, beautiful people", de Jimmy Cliff.

Buena parte de las que se colaban por entonces en la listas de éxitos británicas eran canciones de artistas residentes en Jamaica remezcladas o a las
que se les había añadido una sección de cuerda subrayando así su melodía
con el fin de atraer los oídos del público. Un planteamiento artístico que
Lee Gophtal había hecho suyo y que en ocasiones había hecho que muchos
temas reggae fuesen en realidad versiones de éxitos pop. De ahí que en
Jamaica algunos productores limitasen directamente las grabaciones a las
pistas vocales y rítmicas, dejando lo demás a los añadidos modales posteriores.

En 1970, el interés por el reggae aumentó considerablemente, llegándo-
se a publicar medio millar de singles en Gran Bretaña, distribuidos a través
de una treintena de pequeños sellos discográficos y de los que se vendieron
un total de dos millones de copias. En cuanto a long plays, éstos solían ser
una mera compilación de singles previamente ya publicados, puesto que
los elepés 'conceptuales' no obtenían repercusión alguna. Al cobijo de esta
costumbre se impulsó la edición de varias colecciones que se encargaban
de recopilarlos, como *Club Reggae*, *This Is Reggae* o *Reggae Hits*.

Al mismo tiempo, la radio favoreció el conocimiento del público respecto qué canción o qué artista querían seguir, puesto que a diferencia de los
sound systems que eran reacios a presentarlos, la emisoras informaban de
títulos y nombres. Además, la radio llegaba a aquellas personas que no estaban interesadas en acudir a bailar a los sound systems. Los sellos Trojan
y Pama adecuaron el estilo del material que distribuían al gusto del público
británico, más interesado en las cadencias soul. Un ejemplo de canción
reggae producida a tales efectos fue "Love of the common people", original del sexteto norteamericano los Winstons, producida por Joe Gibbs e
interpretada por Nicky Thomas, que se coló en el Top 10. Pero a pesar del

fenómeno de la música jamaicana, la todopoderosa y conservadora BBC seguía desdeñándola. Aún así, precisamente Trojan y Pama aprovecharon su buen número de subsellos para, de manera insistente, intentar colar alguna canción entre los directores de programas del ente. Pero siempre se rechazaban argumentando carencias cualitativas, estilo dispar al de la programación, falta de interés por parte del gran público...

Si milagrosamente se colaba un tema era, por lo general, para criticarlo con dureza y sin objetividad alguna. En 1970, el repudio inspiró a Nicky Thomas componer *BBC*. Naturalmente, la emisora no lo promocionó. Y la prensa escrita musical tampoco estaba por la labor, con *Melody Maker* al frente, que en 1972 sucumbió, al igual que el gran público, al glam rock.

CAMINO EN PARALELO: EL TOASTING

> *En aquella época si eras rasta tus padres te repudiaban y te ignoraban, eras un marginado. En la industria musical se excluía a los rastas, aunque en los sound systems no había ese control, porque éramos nosotros los que estábamos al mando.*
>
> Big Youth

A comienzos de 1973, Big Youth actuaba en el teatro Carib de Kingston, cuando en mitad del concierto se quitó el gorro y dejó al descubierto sus rastas. El público, al percatarse de ellas, calló un par de segundos para después estallar en júbilo. Aquel gesto involuntario fue el detonante para que a partir de entonces todo el mundo quisiera lucirlas, puesto que hasta aquella noche las rastas implicaban que su porteador fuese tratado como un paria, incluída la propia industria musical jamaicana. Byron Lee no quería verlas en los Dynamic Studios, ni tampoco eran del agrado de 'Duke' Reid.

Big Youth fue el eslabón entre los primeros deejays de los sound systems que decidieron parlotear antes, durante y después de las canciones, es decir, hacer toasting, algo que Count Matchuki había practicado en los años cincuenta. En los años sesenta, Matchuki tendría como heredero a U-Roy, patriarca del toasting moderno, quien a diferencia del primero sí que dejó su scat registrado en numerosas grabaciones. En la carrera de U-Roy, no obstante, resultaría concluyente su alianza con el productor 'Duke' Reid, quien a partir de 1970 le proporcionó material sonoro de artistas como Melodians, Paragons o Tecniques sobre los cuales el deejay pudo hacer sus scats, siendo sus primeros éxitos "Wake the town" (revisión de "Girl I've got a date", grabada originalmente por Alton Ellis, su autor, en 1967), "Rule the nation" (revisión de "Love is not a gamble", publicada por los Techniques también en 1967) y "Wear you to the ball" (original de los Paragons, también editada en 1967).

A comienzos de los años setenta, U-Roy y Dennis Alcapone alcanzaron el estatus de superestrellas, vendiendo decenas de miles de copias de canciones caracterizadas por ritmos potentes erigidos sobre bajos y baterías graves que ofrecían de esta manera una sólida base para el toasting. Fue tal el éxito del estilo vocal de estos dos artistas que en 1974 Bunny Lee decidió convocar en su estudio a cualquier deejay que no hubise grabado nunca. Tras Lee se avinieron a la nueva moda otros productores clásicos como 'Coxsone' Dodd, Joe Gibbs o Lee Perry.

No obstante, fue Big Youth quien estuvo al frente del toasting a lo largo de los años setenta. Dillinger, Trinity, Prince Far-I, Tappa Zukie, Doctor Alimantado... le irían a la zaga.

* * *

Junto al toasting apareció el dub, en realidad una manera de aprovechar las grabaciones ya efectuadas y darles un nuevo uso. 'Duke' Reid y U-Roy reciclaron muchas canciones del rocksteady y hasta Bob Marley aprovechó las sesiones que los Wailers habían llevado a cabo con Lee Perry en 1971 y 1972 para su disco *Kaya*, de 1978. Los sound system fueron los primeros beneficiados de esta opción por reutilizar lo ya existente y pinchaban distintas versiones, hasta decenas y decenas, de un mismo tema, consiguiendo en ocasiones que el tema original lograse el éxito gracias a alguna de sus revisiones.

El origen del dub se remonta a 1967, cuando a Ruddy 'Mister Midnight' Redwood, propietario del sound system Ruddy's the Supreme Ruler of Sound, le llegó un single del tema "On the beach" de los Paragons sin las pistas vocales y lo pinchó en una de sus sesiones con tal éxito que 'Duke' Reid decidió recuperar otras canciones pero sin la ejecución vocal, subtituyéndola por instrumentos. Un año después, 1968, la mayoría de productores jamaicanos, como 'Coxsone' Dodd, Derrick Harriott, Clancy Eccles o Joe Gibbs, entre otros muchos, lo imitaron.

No obtante, sería King Tubby el gran innovador en esta faceta instrumental aparecida entre el rocksteady y el reggae, haciendo hincapié en aspectos como los efectos *reverb* y *echo* y jugando con las mezclas. A Tubby no tardó en considerársele el propietario del mayor sound system de Jamaica, sino que, además, artistas como Bunny Lee, Augustus Pablo o Winston Riley bebían los vientos por trabajar con él. El primero de los grandes títulos de Tubby en este tipo de producción sería el álbum de 1973 *Blackboard Jungle Dub*, fruto de la colaboración codo a codo con Lee Perry. Dos años después la labor de Tubby en el dub era tan valorada que a menudo se le atribuía directamente la completa autoría de un disco, en lugar de recordarse que tan solo se había encargado de las remezclas. Como ejemplo de su tremenda influencia está el álbum *King Tubby's Meets Rockers Uptown*, producido en 1976 junto a Augustus Pablo y considerado como paradigma del dub y detonante de la propagación del dub a nivel internacional.

Por su parte, el citado Lee Perry, que solía trabajar descalzo, fumando un porro y mentalmente inmerso en la música, inició una nueva etapa entre 1971 y 1974 en la que ralentizó el beat desde su flamante estudio Black Ark, creado en buena parte por la tecnología de King Tubby. Pero a diferencia de éste, Perry trabajaba por lo general con su propio material, añadiendo a libre albedrío instrumentos y voces e incluso hasta el sonido de los juguetes de sus hijos o extractos de televisión, pergeñando diferentes versiones con todo ello. Perry contó, además, con lo mejor de los músicos jamaicanos, como los hermanos Aston y Carlton Barrett, Boris Gardiner, Robbie Shakespeare, Sly Dunbar, Earl 'Chinna' Smith, Augustus Pablo y un largo etcétera, con los que elaboraba temas basados en un sinfín de pistas grabadas, lo que daba una consistente y apreciable densidad a sus producciones.

Uno de los títulos álgidos de la inspiración de Perry fue el álbum *Super Ape* (1976), de los Upsetters, un mejunge soberbio y magistral que reunía cortes de Max Romeo y George Faith, entre otros muchos. Pero además de por su producción, densa y muy elaborada, el disco también es un ejemplo magno del roots reggae hasta el extremo que, gracias a esta grabación, a Perry se le consideró el "Salvador Dalí del dub".

Para Lloyd Bradley, periodista musical especializado en música reggae, Augustus Pablo, menos complejo aunque igual de inspirado que 'Scratch' Perry, fue el otro gran nombre del dub, como lo corrobora la trilogía *East of the River Nile*, que comprende los discos: primero, *Let's Get Started* (1978), producido en torno a las armonía vocales del trío Tetrack (Carlton 'Tetrack' Hines, Dave Harvey y Paul Mangaroo); segundo, *East of the Ri-*

ver Nile (1978), obra del propio Pablo que revisa en tono instrumental el anterior citado y al que se han añadido instrumentos inesperados como la melódica o el xilófono, y, por último, tenemos *Eastman Dub*, de la Rockers International Band, la definitiva revisión dub de las pistas del primer título, pero engalanadas por secciones de viento filtradas por ecos y acordes de guitarra ejecutados como pinceladas ocasionales.

El guía

Bob Marley era un mensajero, un profeta.

Danny Sims (1936-2012),
productor musical

1973 fue testigo del buen rumbo que estaban tomando las carreras de estrellas reggae veteranas como Jimmy Cliff, Big Youth, Nicky Thomas, Dennis Brown, Johnny Holt o Toots & the Maytals, así como la sólida proyección que adquirían la de otras referencias noveles, como los londinenses Matumbi, quienes gracias a su refrescante fusión de la música que pinchaban los sound system con el pop de moda, tres años después venderían cien mil copias de su single "After tonight" / "The man in me" (la cara A era una composición de Dennis Bovell y Errol Pottinger, mientras que la B incluía un tema original de Bob Dylan).

No obstante, sería la aparición de Bob Marley el 1 de mayo en el programa musical *Old Grey Whistle Test*, con motivo del lanzamiento de su álbum *Catch A Fire*, la chispa que provocó la definitiva y concluyente permanencia del reggae durante el resto de los años setenta en las listas de éxitos anglosajonas. La interpretación de dos canciones, "Concrete jungle" y "Stir it up", abriría las compuertas del arrollador torrente reggae en Gran Bretaña, haciéndose con el público joven blanco.

En su número del 12 de abril de 1973, la revista musical *Rolling Stone* diría de *Catch a Fire*: "Un sonido maduro, completamente conseguido, con una hermosa sensibilidad en las letras, que reconvierte estilísticas bien conocidas en una música vibrante y fresca. El ritmo del reggae tenía la capacidad de otorgar una orientación a la música de los Wailers y de forzar límites en el sonido. Pero no se trata solo de un mero truco, aunque se podría convertir en uno que rompería con todo".

Que uno de los medios de prensa escrita musical más influyentes apostase por *Catch a Fire* implicaría el derrumbe definitivo del hostil e infundado rechazo que el circuito comercial y otros grandes medios, léase la británica BBC, habían mostrado frente al reggae. "Los hippies nos adoraban", admitiría años después Bunny Wailer, y si a eso sumamos la citada y muy popular versión de "I shot the sheriff" a cargo de Eric Clapton, el reggae se impuso con soberbia a ambos lados del Atlántico. Calaría tan hondo que las grandes compañías discográficas se volcaron en él y el gran público lo aceptó con agrado: en 1978, Police triunfaban con el tema "Roxanne", Virgin Records enviaba a Jamaica a Johnny Rotten, ex-cantante de Sex Pistols, en busca de nuevos talentos y los mismísimos Rolling Stones fichaban para su sello a Peter Tosh.

* * *

Justo a mediados de los años setenta, Gran Bretaña acogería una nueva hornada de músicos autóctonos surgidos a la estela de Matumbi, que habían 'adoctrinado con pedagogía musical' a la juventud en lo referente a ideales rastafaris. Deben citarse a los también londinenses Black Slate, Misty in Room y Aswad (quienes a su vez en 1977 participarían en el relanzamiento de la carrera de Delroy Washington) o a los oriundos de Birmingham Steel Pulse. En cuanto a las grabaciones decisivas de aquel momento destacan álbumes como *Screaming Target* (1972), de Big Youth; *Ital Dub* (1974), de Augustus Pablo, y *Pick A Dub* (1974), de Keith Hudson, discos que se sumaron a la gran venida de Bob Marley.

Culturalmente, la nueva generación de emigrantes de color optaron por la cultura caribeña a la norteamericana que habían adoptado sus padres, llegando al extremo que el rastafarismo y el recuerdo de la tierra ancestral cobró más importancia en el Reino Unidos que en Jamaica. De ahí que las letras de los nuevos compositores, como los citados Steel Pulse y Aswad, reflejasen las frustraciones de una generación orgullosa pero al mismo tiempo humillada y arrinconada en suburbios grises.

De ahi que el reggae británico evolucionase mucho más rápidamente que el jamaicano, teniendo como una de sus peculiaridades, siguiendo los cánones de la industria anglosajona, la publicación de álbumes por encima de la de los singles. Matumbi, Steel Pulse y Aswad lograron así prestigio gracias a unas producciones en las que ahondaban en la investigación musical, influidos por la propia dinámica artística babilónica, que dejaba al artista la creación, en contraposición a lo que venía siendo habitual al otro lado del Atlántico, donde el músico se veía atenazado por el productor de turno.

No obstante, hubo un personaje que ensambló ambos paraísos musicales: Linton Kwesi Johnson, activista político y poeta dub que con el apoyo musical de Dennis Bovell publicó en 1978 *Dread Beat an' Blood*, álbum en el que, valiéndose del patois, criticaba la devaluación del sistema escolar y las dificultades en general del pueblo negro en Inglaterra, incluido el maltrato policial.

Menos sesudo fue el lovers rock, un subestilo que surgió con el propósito de mitigar el irrefrenable impulso natural de los jóvenes negros por no comulgar al cien por cien con la doctrina rastafari y a los que, además, agradaba el funk y los sonidos Motown y Philadelphia. Fueron Lloydie Coxsone y Dennis Bovell sobre quienes recaería el honor de haber producido y grabado, respectivamenre, el primer tema lovers rock, cuando en 1975 produjo "Caught you in a lie", interpretada por inglesa Louisa Mark.

La aportación de esta canción, y de todas las que vinieron después dentro del subestilo (a cargo de artistas como Marie Pierre, Investigators, Ginger Williams, Blackstones, Two In Love, Trevor Hartley, Brown Sugar...), no fue minúscula, puesto que el mensaje que aglutinaba su música era el de expresar "lo que significaba ser negro y a la vez británico", según explicaba Lloyd Bradley en su libro *Bass Culture, When Reggae Was King*. Dos señas de identidad que hasta aquel momento parecían enfrentadas o, en el mejor de los casos, no llamadas a entenderse por completo.

* * *

A mediados de los años setenta, y como consecuencia de la crisis económica por la que atravesaba Jamaica (fallidas estrategias económicas del gobierno del PNP –People's National Party-, caída de las inversiones extranjeras, aumento considerable del coste del petróleo, restricciones impuestas por el Fondo Monetario Internacional, tasa de paro del 31 por ciento, inflación anual del 20 por ciento...), la música comenzó hacerse eco de ello, con letras que en algunos casos mostraban su apoyo al partido en el gobierno.

Desde la melancólica mirada puesta en África hasta expresiones de alto contenido político (como 'Muerte al capitalismo', 'Muerte al imperialismo yanqui' o 'Muerte al colonialismo inglés', que se recogían en la portada del álbum *Stand Up*, de Mighty Diamonds), fueron elementos acompañantes de canciones hoy clásicas, testimonio de la consternación de los jamaicanos, como "Skylarking", de Horace Andy; "Time tough", de los Maytals; "Arab oil weapon", de Bunny Wailer; "Fire burning", de Bob Andy; "Talking blue", de Bob Marley; "Mr. President", de los Heptones; "Arise black", de Peter Tosh; "I need a roof", de Mighty Diamonds; "Three meals a day", de Dennis Brown...

La convocatoria de elecciones en el mes de diciembre de 1976 acabó por producir una tensión social tan grave que el gobierno se vio en la obligación de declarar el estado de excepción en los seis meses previos al sufragio. Un caos palpable en las calles y que recordaba los disturbios provocados por los rude boys en los años sesenta. La banda sonora de esta insoportable situación bien podría haber sido el tema de Max Romeo "War ina Babylon", en el que se critica la corrupción y la violencia en los suburbios. A la protesta en solfa de Romeo le seguirían otras igual de combativas, como "Ballistic affair", de Leroy Smart; "Police and thieves", de Junior Murvin; "Blood dunza", de Johnnie Clarke; "Fire inna Kingston", de Vivian Jackson & los Prophets, o "Heavy manners", de Prine Far-I, ésta última una de las pocas canciones que en lugar de clamar venganza lo hacía en favor de una solución pacífica.

Y la búsqueda de la solución se hizo con más ahínco que nunca esgrimiendo el rastafarismo, que había pasado de expresión teórica al practicismo y que procuró dar luz al caos de la calle a través de un activismo pacífico, una vida sencilla y sana y el respeto hacia los demás. No es de extrañar, pues, que durante la segunda mitad de los años setenta la filosofía rastafari se convirtiese en un imán espiritual. Big Youth señalaría al respecto: "Éramos nosotros, los deejays, los cantantes y los rastas quienes les decíamos a la gente que no se metieran en problemas, porque acabarían en la cárcel... Les decíamos que tenían que vivir con ética, de manera que no acabasen ante el juez... Les decíamos que mantuvieran a sus familias unidas".

Al final, las fuertes turbulencias político-sociales se resolverían el 22 de abril de 1978, durante el One Love Peace Concert celebrado en el National Stadium de Kingston, una vez que Bob Marley invitase al escenario a Michael Manley y a Edward Seaga para que estrechasen sus manos en un gesto simbólico aunque lo suficientemente imperativo como para devolver, aunque solo fuese durante unas semanas, la paz a Jamaica. La música, el reggae, lo hizo posible.

* * *

En 1977 el máximo difusor del reggae en Jamaica fue el programa de radio *Dread at the Controls* de Mikey Campbell, que se imponía con extremada facilidad a otros espacios en los que el estilo de hacer radio copiaba el tono insulso de las emisoras norteamericanas y británicas y que, naturalmente, evitaban el reggae. El programa, cuyo tono de locución jovial y callejero quedaría recogido para la posteridad en el álbum *Dread at the Controls*

(1979), daría un impulso decisivo al roots reggae. Cuando Campbell dejó el programa, 1979, estaban apareciendo en Jamaica otras variedades dentro del reggae, como el clappers, el steppers y el que más eco tuvo, el rockers international, llamado así porque fue facturado en los estudios del mismo nombre propiedad de Augustus Pablo, ubicado en el número 135 de la calle Orange de Kingston. Variedades estas tres que se caracterizaron por dos motivos: la rapidez de sus ritmos y la suma rapidez con la que desaparecieron.

Tras Marley

> *I hear the words of the rasta man say:*
> *'Babylon your throne gone down, gone down...'*
>
> *Said, I hear the words of the higher man say:*
> *'Babylon your throne gone down, gone down...'*
>
> *And I hear the angel with the seven seals*
> *Babylon your throne's gone down, gone down...*
>
> *I say fly away to Zion, fly away home*
> *One bright morning when my work is over*
> *Man will fly away home (...)*
>
> del tema "Rastaman chant", incluido en *Burnin'* (1973),
> álbum de Bob Marley.

Bob Marley contribuyó a que el reggae fuese el canal que diese a conocer el rastafarismo en todo el mundo, si bien el enorme alcance comercial que consiguió la música no fue visto con buenos ojos por los miembros más puristas del movimiento. De ahí que ya desde la primera mitad de los años setenta hubiera quien segregase el reggae de la música nyahbinghi, más ortodoxa y determinada por la fe y lo sagrado. No obstante, fue tan fuerte la figura de Marley y tan acorde a la realidad el posicionamiento reivindicativo del reggae que mayoritariamente se lo aceptó como expresión oficial universal del rastafarismo. Pero Marley fallecería el 11 de mayo de 1981 y con él se llevó este acuerdo no escrito de cómo entender el rastafarismo desde Babilonia.

El enorme éxito de Marley había inducido a que Babilonia entendiese que el reggae era Marley. Resulta curioso que en Occidente se disfrutase y casi entendiese el reggae prácticamente a través de un único intérprete, cuando la obra de éste se distanciaba de lo que podía escucharse en los sound systems jamaicanos. Marley practicó en su etapa dorada un reggae interpretado de tal manera que no era otra cosa sino rock mainstream.

Tras la desaparición de Bob Marley, tanto la industria como los propios músicos comenzaron a preguntarse por el sucesor a su trono. Pero figuras sólidas como Dennis Brown, Freddie McGregor, John Holt, Gregory Isaacs o Peter Tosh no cuajaron y las discográficas no tardaron en dar por finiquitado su interés; a lo sumo se dedicaron a promocionar, con cuantioso dispendio, artistas blancos que utilizaban cadencias publicitadas como 'reggae' pero que, en realidad, del género apenas aprovechaban algo, caso de Police, Madness o Clash, pues el grueso de su inspiración bebía de otras fuentes. Hubo otros artistas, estos sí deudores del reggae, que se adaptaron a los tiempos, como Steel Pulse y Aswad, y otras que decidieron separarse, como Matumbi o Black Slate.

En Jamaica la situación musical era de estancamiento, después de diez años de roots reggae, un período de tiempo muy superior al que habían durado el ska y el rocksteady. Productores como 'Junjo' Lawes, Don Mais o Sugar Minott, no lograban desprenderse de la etiqueta de futuras promesas, quizás porque usaban las nuevas tecnologías para imitar los sonidos del pasado en lugar de buscar nuevas posibilidades. Otros artistas y productores (Horace Andy, Keith Hudson, Joe Gibbs, el mismísimo 'Coxsone' Dodd...) optaron por hacer las maletas y mudarse a Estados Unidos y percibir lo que el rico negocio musical norteamericano podía ofrecerles.

DANCEHALL

Jamaica es un sitio lleno de vibraciones, vibraciones puras.
Todo el mundo es una superestrella,
así que en el dancehall absorbías lo que había a tu alrededor.

Dennis Alcapone

Si existe una seña de identidad común a todos los estilos surgidos desde los años cincuenta en Jamaica es que todos ellos han sido siempre testimonio de la vida en la isla. Es decir, la evolución de la música jamaicana ha ido pareja a la evolución de su gente. Por ejemplo, el hecho de que a comienzos de los años ochenta se recrudeciese el nivel económico, especialmente en zonas como Kingston, sumidas en la pobreza, las drogas y, en consecuencia, en la violencia, hizo que el discurso musical retomase el uso de los sound systems, dando lugar a una nueva variante denominada 'dancehall', ya que en lugar de las calles, impensable por su inseguridad, los bailes comenzaron a llevarse a cabo en patios cercados.

El dancehall fue el tan esperado cambio de rumbo en el devenir del reggae, la respuesta del propio gueto al inmovilismo del negocio musical jamaicano, que había quedado inmovilizado por el éxito internacional del roots reggae y la desaparición de su adalid, Bob Marley. Musicalmente, el dancehall fue una iniciativa que en el contexto occidental podría clasificarse como underground. Fue el punk del rock progresivo, el grunge del rock mainstream.

En la primera mitad de los años ochenta, los DJs volvieron a tomar el protagonismo, casi absoluto, dejando de lado a los artistas solistas y a las bandas, al ser entendidos como una burda imitación de los patrones planteados por la industria anglosajona. Además, el 'deeyaing' o 'toasting' no requería más que una mínima inversión económica, lo cual facilitó que de entre las clases más bajas apariciesen un sinfín de nuevos talentos que no necesitaban ni estudios de grabación ni el productor de turno, además de darle a los jóvenes una oportunidad de labrarse un porvenir.

Resultó curioso que el dancehall, que había entrado en escena como revitalizador de la música jamaicana mediante su intrínseca naturaleza de manufactura sencilla e individual, se valiese de los ritmos creados anteriormente en estudios como Treasure Isle o Studio One, lo que en éste último caso animó a todo un viejo lobo de mar como 'Coxsone' Dodd a regrabar temas de sus archivos, utilizando para ello a cantantes noveles. Más que nunca, la base instrumental o riddim tuvo una vital importancia a la hora de conseguir un éxito, dándose la circunstancia de que de algunos temas se llegasen a realizar decenas y decenas de nuevas versiones. Lamentablemente, la posibilidad tecnológica para revisar lo ya creado frenó la creatividad y la cantidad se impuso a la calidad.

La temática de las canciones se tornó sexual. Ya no se trataba del eterno y desgastado "chico conoce a chica", sino que añadió "que pasaba después" de conocerse, eventualidad que se denominó 'slackness', de lo que resultó pionero el malogrado General Echo (Earl Anthony Robinson, 1955-1980), mediante los álbumes *The Slackest LP* (1979) y *12 Inches of Pleasure* (1980). Tras él llegarían Lone Ranger, Eek-a Mouse y, probablemente la mayor estrella del dancehall, Yellowman, el primer artista jamaicano en ser fichado por un sello estadounidense, Columbia, lo que sucedió en 1984. No obstante, a pesar de la premura de la discográfica por lanzarlo como una nueva superestrella mediante el disco *King Yellowman*, Yellowman ni tan siquiera disfrutó de su 'minuto de gloria' en Estados Unidos.

Barrington Levy compararía el dancehall de finales de los años setenta con el que empezó a popularizarse a mediados de la siguiente década, evidenciando lo mucho que el estilo cambió en el interín: "Los cambios se ven en el ritmo, en la lírica. No estoy del todo de acuerdo con las letras que interpretan los músicos en sus canciones. Para mí, la música reggae es algo grande y nosotros, los músicos, tenemos que cuidar las letras. Los mensajes que quieren transmitir éstas personas no es realmente lo que queremos que le llegue a la gente: sexo, violencia y armas. Lo que hay que transmitir a la gente es amor; canciones con mensaje, canciones que puedan enriquecer a las personas".

Pero durante unos años, intérpretes como Yellowman, Elephant Man o Lady Saw se hicieron populares por un estilo a la hora de cantar que se considera como uno de los precedentes del hip-hop, una conexión inevitable si se tiene en cuenta que Estados Unidos, y en concreto Nueva York, se convirtió, como ya se ha dicho, en el nuevo destino de los jamaicanos emigrantes. En la ciudad de los rascacielos el dancehall y los sound systems empezaron a hacerse populares, lo que conllevaría a que el sonido importado de Jamaica se mezclase con los propios de la Gran Manzana.

Un ejemplo de ello fue el intérprete de origen británico aunque asentado en el Bronx Shinehead (Edmund Carl Aiken), quien, tras su paso en los años ochenta por el sound system Tony Screw's Downbeat The Ruler, en 1993 logró el éxito con el tema "Jamaican in New York", una revisión del tema de Sting "Englishman in New York" que entró en el Top 30 del Reino Unido. Tras Shinehead triunfaría aún más el jamaicano Shabba Ranks (Rexton Rawiston Fernando Gordon), que tras fichar por el sello Epic en 1991, consiguió un Grammy por su álbum *As Raw As Ever* y estuvo a punto de forjarse una carrera que se pronosticaba meteórica pero que se vio truncada por sus declaraciones homófobas.

REGGAE HOMÓFOBO

El Observatorio de los Derechos Humanos publicó en 2004 un informe sobre la situación de los homosexuales jamaicanos, en el que advertía que la homofobia en Jamaica no solo avivaba el índice de ataques violentos contra el colectivo, sino que además perjudicaba la lucha contra el Sida. Los prejucios homófobos eran compartidos por el 96% de la población de la isla, porcentaje que, además, se oponía a cualquier cambio que implicase la legalización de la homosexualidad. Curiosamente, el adulterio y la promiscuidad heterosexual se perciben en la cotidianeidad del país caribeño como un signo de virilidad masculina.

El propio código civil jamaicano tiene en vigor una ley de 1858 que penaliza la sodomía, que en la práctica obliga a muchos homosexuales jamaicanos a huir de su país y que organizaciones como J-FLAG (Jamaican Forum for Lesbians, All sexuals & Gays) se muevan en la clandestinidad. Ni siquiera la exigencia de un organismo de peso internacional como Amnistía Internacional ha servido para que el gobierno de la isla valore la posibilidad en pleno siglo XXI de derogar la ley antisodomita.

Cantantes como Buju Banton y Beenie Man son bien conocidos en los últimos años por transmitir sus convicciones homófobas a ritmo de reggae. En Europa su discurso ha sido repelido por la legislación, lo que en el pasado posibilitó la cancelación de sus conciertos. No es para menos, si Banton se enorgullece cantando *Boom bye bye*, canción cuya letra dice: "Cada vez que Buju Banton llega a algún lado, los gays se levantan y echan a correr. Una bala en la cabeza... ¡Bang!... Adiós, adiós... en la cabeza del hombre gay". Por su parte, Beenie Man manda sus ataques al sector femenino en el tema "Han up deh", predicando que hay que "ahorcar a las lesbianas con una cuerda larga".

Banton, según él mismo declaró a la emisora Radio One Xtra de la BBC, reafirma así su derecho a defender sus puntos de vista. No obstante, en 2004 estuvo encausado en un proceso judicial por el linchamiento de cuatro gays, durante el cual testigos aseguraron haberle oído gritar la expresión *batty-boy*, término despectivo que en Jamaica se utiliza para referirse a los homosexuales.

Por su parte, Beenie Man también ha suscitado polémica entre la opinión pública de Europa y Estados Unidos. De hecho, en Gran Bretaña, y a instancias de la asociación OutRage!, las autoridades acordaron la cancelación de sus conciertos londinenses, en base a lindezas como "Sueño con una nueva Jamaica en la que se ejecuten a todos los gays" o "Coge un bazoka y mata jodidos battys". En España, en 2007, el Departamento de Acció Social i Ciutadania de la Generalitat de Catalunya, la Coordinadora Gay-Lesbiana de Cataluña, el Casal Lambda, la Asociación de Familias Gays y Lesbianas y las Panteras Amarillas llegaron a un acuerdo para que el músico jamaicano actuase en la Ciudad Condal bajo la obligación de no interpretar canciones ofensivas y la presencia de observadores durante su concierto en la sala Apolo.

Otro cantante jamaicano que también ha levantado ampollas en España es Sizzla, quien en 2008 provocó que el Frente de Liberación Gay de Cataluña (FAGC) pidiese tanto a la Fiscalía como a la Generalitat tomar medidas que evitasen cualquier referencia homófoba por parte del artista. Al final, Sizzla se vería forzado a cancelar las dos actuaciones que tenía previsto ofrecer en aquella visita a España, el martes día 27 en la sala Joy Eslava de Madrid y al día siguiente en la sala Apolo de Barcelona.

Epílogo

Me gusta lo que está sucediendo con la música reggae en este momento,
así que hay un buen futuro.

Lloyd 'King Jammy' James

A partir de la segunda mitad de los años ochenta, la industria discográfica estadounidense entendió Jamaica como un almacén de DJs que 'adquiría' pagando cifras que hasta entonces en la isla se creían inalcanzables. De ahí el lanzamiento de artistas como Supercat, Shabba Ranks o Buju Banton. Lo peor es que lo que había movido hasta entonces a los artistas jamaicanos, el público, a través de los sound systems o los dancehall, quedó relegado en pos de los caprichosos y triviales designios de la industria musical, que inoculaba en los artistas jamaicanos manidos matices de tendencia pop. El reggae 'moderno' se desentendía de la tradición y de darle continuidad y, al distanciarse de todo aquel bagaje, no evolucionó.

En esos años, la música 'slack' arrinconó al roots al mismo tiempo que la isla atravesaba una doble crisis, de identidad y de recursos. Fueron décadas padeciendo la devastadora política del Fondo Monetario Internacional, durante las cuales el gobierno jamaicano se veía en la obligación de invertir buena parte de sus recursos en el pago de la deuda, en lugar de hacerlo en educación y sanidad.

Afortunadamente, en los últimos años ha habido algunos artistas que han reubicado esa perniciosa tendencia, caso de Luciano (Jepther McClymont), un buen ejemplo de cómo se puede llevar la filosofía rastafari al dancehall, triunfando tanto en Jamaica como en Gran Bretaña, donde existe un público al que no le agrada el binomio 'violencia/mujerzuelas' y prefiere la música 'consciousness'.

Los conocedores de la música jamaicana saben que con la llegada del nuevo milenio se ha producido en la isla un cambio, un renacimiento musical, impulsado por los jóvenes músicos que se esfuerzan por encontrar nuevas formas de expresión y reivindicación.

Desde el segundo decenio de siglo XXI, Jamaica está viviendo una transición renovadora que ha proporcionado nuevos artistas, como Jah 9, Kabaka

Pyramid, Protoje, Raging Fyah, Taurus Riley, Pentateuch o Chronixx, que presentan canciones que tienen profundidad y raíces. Vuelven a tratar cuestiones como los derechos humanos, la injusticia, la opresión y el rechazo al capitalismo.

Esta nueva hornada de músicos jamaicanos deja de lado la glorificación de la violencia y la cultura de las armas, conceptos que en el pasado erosionaron la imagen del reggae. Los nuevos artistas y bandas escriben canciones y ritmos con los que reivindicar el derecho a hablar sobre la sociedad, pero mediante un tono pacífico. Algunos, como Chronixx, en la vanguardia del movimiento, también viven la espiritualidad rastafari, lo que se refleja en su música. Jah 9, por su parte, es un excelente ejemplo de alguien con motivación política y repertorio a tener en consideración.

Lloyd Palmer, teclista de Uprising Roots, recordaba el viejo dicho jamaicano "Haz lo que puedas con lo que tengas": "Si no hay gas ni electricidad, buscas leña y haces fuego para cocinar. Es volver a la raíz. Los jóvenes de hoy han superado muchas dificultades y no tienen miedo de explorar".

En la actual Jamaica, la música se difunde por internet y las redes sociales, pues los medios locales e internacionales desdeñan poner el foco en un colectivo unido, crítico y esperanzado por el cambio. El resto del mundo todavía identifica a la isla Jamaica con una visión rastafari de postal que los jóvenes jamaicanos se han empeñado en substituir por otra más fresca y acorde a lo que realmente está pasando.

2. La cultura

Preservar la herencia y la cultura es apremiante, pero el exagerar y alardear sobre ella provoca su detrimento.

Haile Selassie I

Cuando era un niño no sabía de mi cultura.
Cuando era un niño no sabía que mis antepasados venían de África.

de la canción "In the light",
incluída en el álbum *In The Light* (1977),
de Horace Andy

El Rastafarismo es la única verdad.

Bob Marley

Un pueblo sin conocimiento de su historia, orígenes y cultura, es como un árbol sin raíces.

Marcus Garvey

El rastafarismo es un movimiento espiritual centrado en la figura de Haile Selassie I, de nombre real Tafari Makonnen Woldemikael (23 de julio de 1892, Ejersa Goro, Abisinia (la antigua Etiopía) / 27 de agosto de 1975, Addis Abeba, Etiopía), el que fuera emperador de Etiopía entre 1930 y 1974. Considerado como la tercera reencarnación de Jah, abreviación de Yahvéh, tras Melquisedec, antiguo rey de Salem, y Jesucristo, la monarquía de Haile Selassie I no fue fácil, primero porque, en 1936, seis años después de acceder al trono, las tropas fascistas de Benito Mussolini le obligaron a exiliarse a Bath, Inglaterra.

Durante su breve exilio en esta población del condado de Somerset, situada en el sudoeste de Inglaterra, Selassie fundó la Federación Mundial Etíope, con el propósito de reclamar la atención de todo el pueblo de color en torno a Etiopía .Tras la Segunda Guerra Mundial donó una extensa porción de tierra en Shashamane, población situada a doscientos cincuenta kilómetros de Adis Abeba y en la que se asentó parte de la comunidad rastafari antillana.

Aunque en su momento Selassie fue el único líder africano aceptado por las monarquías y gobiernos europeos, años de hambruna y las derrotas en los combates contra la milicia rebelde de Eritrea provocaron que el 12 de septiembre de 1974 la Junta Militar de la revolución marxista etíope le apartase de sus atribuciones reales. El golpe militar estaría dirigido por el teniente coronel Mengistu Haile Mariam, al frente de la dictadura que regiría Etiopía entre 1977 y 1987, y contaría inicialmente con el beneplácito popular del Partido Revolucionario del Pueblo Etíope (PRPE) y del Movimiento Socialista Etíope (MEISON).

Haile Selassie I fallecería al año siguiente, circunstancia que algunos de sus seguidores entendieron como una metamorfosis mediante la cual, tras despojarse de su cuerpo, Selassie permanecía entre ellos como un ente divino. En 1992, su cadáver fue supuestamente hallado en un admirable estado de conservación bajo el suelo del que había sido su palacio, dándosele finalmente sepultura el 2 de noviembre de 2000 en la catedral Holy Trinity de Addis Abeba, acto en el que estuvo presente la viuda de Bob Marley, Rita.

LIBERACIÓN

Cada vez que oigo el restallido de un látigo se me hiela la sangre.
Recuerdo el barco lleno de esclavos;
con qué brutalidad trataban las mismísimas almas.

Hoy dicen que somos libres solo para estar encadenados a la pobreza.
Creo que el analfabetismo solo es una máquina de hacer dinero.
Esclavista, han cambiado las tornas (…)

del tema "Slave driver",
incluido en el álbum *Catch A Fire* (1972),
de Bob Marley

En las postrimerías del siglo XIX todas las actividades económicas jamaicanas eran llevadas a cabo por los doscientos mil esclavos de origen africano, protagonistas de las continuas rebeliones antiesclavistas y anticolonialistas de los siglos XVIII y XIX y de las sucesivas luchas sindicales de principios del siglo XX. Fue entonces cuando, sobre la base de las organizaciones obreras, se crearon los dos principales partidos políticos de Jamaica: el Jamaican Labour Party (JLP, Partido Laborista de Jamaica), y el People's National Party (PNP, Partido Nacional Popular).

El movimiento rastafari, cuyo origen se encuentra en la antigua iglesia de Etiopía, se iniciaría en Jamaica tras la recesión económica americana de 1929, coincidiendo con el regreso a la isla de los, aproximadamente, veinte mil jamaicanos despedidos de sus puestos de trabajo en países como Panamá o Cuba. La ideología del rastafarismo tendría entonces tres inspiradores: Leonard Howell, Archibald Dunkley y Joseph Hibbert.

Los tres, de manera independiente aunque impartiendo un discurso similar, difundirían la divinidad de Haile Selassie, emperador de Etiopía y proclamado representante de Dios en la Tierra según una interpretación bíblica extraída de los pasajes que supuestamente hacia referencia a la gloria del antiguo reino de Etiopía y a los descendientes del rey Salomón y la reina Sheba, de los cuales Selassie era el último sucesor.

No obstante, algunos años antes de la aparición de Howell, Dunkley y Hibbert, Marcus Garvey, un industrial y predicador jamaicano que fundó la Universal Negro Improvement Association (UNIA, asociación cuyo objetivo era la consecución de un nuevo estado negro en África), ya había fomentado el rastafarismo mediante una profecía: "Mirad a África; un rey negro será coronado, porque la liberación está cerca".

Según Garvey, la liberación de los oprimidos se completaría con el regreso de éstos a la nación original africana. Hasta ese momento, deberían permanecer unidos bajo el lema 'Un objetivo, un dios, un destino'.

De los tres idealistas antes citados, el más activo fue Leonard Howell, que entre 1940 y 1945 dirigiría el denominado grupo Pinnacle, formado por unos mil seiscientos miembros establecidos en Sligoville, una zona campesina situada al norte de Jamaica, caracterizados por el 'dreadlock', el ahora popular peinado inspirado en los elaborados trenzados de los varones etíopes y masais.

Desafortunadamente, en 1941, y molestas por el creciente movimiento social, las autoridades jamaicanas reducirían la influencia del Pinnacle, acusando a la agrupación de provocar desordenes públicos. En realidad, lo que preocupaba al gobierno de la isla era que la decisión promovida por Howell para que los campesinos no pagasen impuestos triunfase en toda la nación. Para evitar esto, setenta correligionarios del considerado "dirigente insurrecto" serían detenidos, mientras que el propio Howell fue condenado a dos años de prisión. Posteriormente, tras la consolidación de los dos partidos mayoritarios jamaicanos, el JLP y el PNP, el Pinnacle se desintegraría después de que otros 163 de sus activistas fuesen arrestados.

* * *

El vínculo de Haile Selassie I –según la tradición etíope, el número 225 del linaje de Salomón, hijo del rey David– y el rastafarismo se inició en el mismo momento de su coronación, interpretada ésta como la constatación de la profecía enunciada por Marcus Garvey.

Junto a la predicción de Garvey –quien, sin ser partícipe del rastafarismo, inspiró al movimiento– para ensalzar la figura de Haile Selassie I a niveles supraterrenales se tomaron prestados, entre otros, textos bíblicos, como Salmos 87, 4-6, que dice: "Me acordaré de Rahab y de Babilonia entre los que me conocen, aquí están Filistea y Tiro, con Etiopía; estos nacieron allá". Su destronamiento y posterior muerte provocarían cierta controversia en el seno de la comunidad rastafari. Los jamaicanos creían en la divinidad de Selassie, aunque en la actualidad su figura ha cambiado a ojos del movimiento: su divinidad ya no es dogma de fe, si bien, por lo general, se le considera como un símbolo de la lucha negra.

Por su parte, Haile Selassie nunca aceptó la condición de divinidad que le atribuía el rastafarismo y, de hecho, durante su visita a Jamaica del mes de abril de 1966 instauró la Iglesia Cristiana Copta Jamaicana, con la intención de erradicar la creencia de que él era la reencarnación de Jah. No obstante, sí que aconsejó ante los líderes rastafari: "No emigréis a Etiopía hasta no haber liberado antes al pueblo de Jamaica".

En aquel entonces, Jamaica era un nuevo país, que había superado favorablemente años de deliberaciones proindependencia en las que el rastafarismo había sido menospreciado por los sectores más conservadores de la sociedad jamaicana, vinculados al colonialismo británico. Con la libertad que ofrecía el nuevo rumbo del país, la posibilidad de que la filosofía rastafari pudiera convertirse en un fenómeno político provocó enfrentamientos entre las autoridades y los rastafari, de clase baja, a los que se controló mediante la fuerza bruta. El temor de las clases pudientes no era infundado, al menos en cuanto a las ansias de dignificación por parte de las clases bajas –de los barrios marginales de la capital de la isla, Kingston, y de las zonas rurales, donde el discurso de Marcus Garvey había calado hondo–, fraguándose en el corazón y el pensamiento de los descendientes de esclavos negros el regreso a África.

Precisamente durante la primera mitad de los años treinta, en concreto en 1934, en Jamaica tuvieron lugar persecuciones contra aquellos rastafaris que no querían jurar lealtad al rey Jorge V de Inglaterra y sí, en cambio, se mostraron leales a Haile Selassie, en un ejercicio natural por recuperar su pasado como descendientes de los esclavos negros llegados desde el otro lado del océano Atlántico. Uno de los jamaicanos detenidos fue el ya antes citado Leonard Howell, que vio en la coronación de Selassie "el Mesías regresado a la tierra" y que en 1933 había publicado *The Promise Key*, libro por el cual fue encarcelado durante dos años.

El acoso a la comunidad rastafari en Jamaica propició a que en el mes de marzo de 1958 el príncipe Emmanuel Charles Edwards fundase el Congreso Negro Internacional Etíope Africano, que dio lugar a la orden Bobo Shanti, basada en antiguas tradiciones etíopes y que defendía la legítima repatriación del pueblo negro. Sustentados en su propia Trinidad, formada por un rey, Haile Selassie I; un profeta, Marcus Garvey, y un sacerdote, el propio Emmanuel.

Los Bobo Shanti son uno de los tres grupos que conforman el rastafarismo, junto a los Nyahbinghi y las Doce Tribus de Israel. Estos tres grupos se diferencian por la manera en que perciben a Jah y además, por ejemplo, en el hecho de que las Doce Tribus de Israel creen en la salvación de todas las razas y no solo en la de la raza negra, tal y como defienden Bobo Shanti y Nyahbinghi.

No obstante, los tres grupos coinciden en que el fin del éxodo del pueblo negro concluirá con el regreso de éste a Etiopía y en que Babilonia degrada los valores del ser humano, al tiempo que devasta la naturaleza. Para el rastafarismo, Occidente, o el hombre blanco, surgió de una antigua civilización carente de espiritualidad.

APUNTES DOCTRINALES

Y el rey Salomón dio a la reina de Saba todo lo que deseaba,
pidiera lo que pidiera, aparte de lo que le entregó de su tesoro real.
Y así ella regresó a su país, junto con sus sirvientes.

Del libro *Kebra Nagast* o *Libro de la Gloria de los Reyes de Etiopía*

El rastafarismo se erige sobre cuatro pilares doctrinales: el reconocimiento de la divinidad Jah Rasta (el espíritu que "habita en todos"), la idea de la repatriación, la superioridad de la raza negra y sus conexiones históricas con los hijos de Israel y, por último, la oposición rebelde frente a la opresión de la raza blanca. Además, su instrucción incorpora tanto aspectos de concienciación tribal africana como principios del Antiguo y del Nuevo Testamento, en especial los pasajes siguientes:

Ezequiel 30, 1: "Vino a mí la palabra del Señor en estos términos: 'Hijo de hombre, profetiza y di: Así habla el Señor Yahvé: Dad alaridos: ¡Ay de aquel día!, pues está próximo un día para el Señor; será día de nubarrones, el tiempo de las naciones".

Timoteo 6: "Cuantos están bajo el yugo de la esclavitud miren a sus propios amos como dignos de todo honor, para que no se hable mal del nombre de Dios y de su doctrina. Y los que tengan amos fieles no los tengan en menos por ser hermanos: antes bien, sírvanlos con mayor sumisión, por cuanto son fieles y amados, los que reciben sus buenos servicios".

Apocalipsis 17: "La mujer estaba vestida de púrpura y escarlata y ricamente engalanada de oro, de piedras preciosas y de perlas y llevaba en su mano una copa de oro rebosante de abominaciones y de la inmundicia de su fornicación; y sobre su frente llevaba escrito un nombre, un misterio: 'Babilonia, la grande, la madre de las impurezas y de las abominaciones de la tierra".

Apocalipsis 19: "Después de esto oí en el cielo como una gran voz de una muchedumbre numerosa que decía: '¡Aleluya! La salvación, la gloria y el poder son debidos a nuestro Dios, porque sus juicios son verdaderos y justos, pues ha juzgado a la gran ramera, que corrompía la tierra con su fornicación y ha vengado en ella la sangre de sus siervos'".

Los rastafaris se proclaman descendientes directos de los antiguos israelitas, por lo que sus principios espirituales se basan en la tradición abrahámica. Según el *Kebra Nagast*, o *Libro de la Gloria de los Reyes de Etiopía*, en el siglo X antes de Cristo, Etiopía fue fundada por Menelik I, hijo de Salomón (tercer y último monarca del Reino de Israel) y la reina de Saba (Saba fue un antiguo país situado en los actuales territorios de Etiopía y Yemen). La lectura del citado *Kebra Nagast* se compagina con la de la Biblia cristiana (de la que Haile Selassie I ya dijo en su momento que su contenido trasciende sin llegar a perder su esencia), aunque se impone a ésta debido a que el rastafarismo opina que los textos bíblicos son consecuencia del pensamiento xenófobo centroeuropeísta.

Los judíos negros de Etiopía, aislados del resto del judaísmo por la propagación musulmana en Oriente Medio y el norte de África, fueron llamados 'Beta Israel' (en hebreo, 'Casa de Israel') o 'Falashas' (en amárico, la lengua de Etiopía, 'Exiliados') y son la constatación de la creencia de que Etiopía era Sion, a diferencia del resto del judaísmo, que la identifica con Jerusalén. Una facción del rastafarismo definió sus creencias como cristianismo etíope copto, pues se consideran una escisión de la Iglesia copta. No obstante, los rastafaris siempre han trazado una línea divisoria entre la religión y la espiritualidad, término éste último dentro del cual engloban su convicción, tal y como ya manifestó Haile Selassie I:

> El templo del Más Poderoso comienza con el cuerpo humano, que mantiene la esencia de nuestra existencia. Estamos oprimidos porque vemos la espiritualidad a través de la religión, que fue entregada por invasores, líderes y conquistadores. Debemos dejar de confundir la religión con la espiritualidad.
>
> La religión son reglas, rituales y regulaciones creadas por humanos para ayudar a la gente a crecer espiritualmente, pero a causa de la imperfección humana la religión se ha corrompido, politizado y convertido en herramienta utilizada en la lucha por el poder.
>
> La espiritualidad no es teología o ideología, es simplemente una manera de vida, pura y original, que es entregada por el Más Poderoso de la creación. La espiritualidad es una red de conexión con el Más Alto, el universo y cada uno de nosotros.

En cuanto a la liturgia, el rastafarismo, cuya concepción monoteísta se centra en Jah (quien reside en el interior de cada uno de nosotros), se manifiesta mediante el 'Groundation', asamblea espiritual similar en varios aspectos a los oficios religiosos judíos, de los que difieren por el contacto con otros cultos caribeños y africanos.

En el rastafarismo existen varias ceremonias 'eclesiásticas', que incluyen lecturas de salmos y capítulos de la Biblia y la interpretación de música nyahbinghi, propia del movimiento anticolonial ('nyah' = negro, 'binghi' = victoria), surgido en Uganda a finales del siglo XIX. Este estilo musical se basa en la percusión de tres tambores: 'pope smasher', que representa la respiración; 'funde', que representa el corazón, y 'akete', que representa el pensamiento. Los tempos de estos instrumentos de percusión serían más tarde recogidos por estilos modernos, como el ska, el rocksteady y el reggae, habiendo sido popularizados por artistas como Skatalites, Count Ossie, Jimmy Cliff o el propio Bob Marley.

* * *

En los años cincuenta, durante la decadencia del colonialismo, los rastafaris habían ampliado su influencia entre la clase trabajadora de los negros jamaicanos, convirtiéndose en una fuerza espiritual, socio-política y cultural de gran peso. Pese al acoso constante y organizado de las autoridades, en 1958, el año anterior a la publicación de "Oh Carolina", se calcula que unas cinco mil personas acudieron al primer Nyahbingi, celebración en la que se reunieron los rastas públicamente y que tuvo lugar en Kingston.

Al año siguiente, en el mes de mayo, se produjeron unos disturbios multitudinarios cuando los comerciantes de Coronation Market, que no eran rastafaris, acudieron en ayuda de un rasta al que algunos agentes estaban golpeando. La turba de mercaderes apedreó a los policías y quemaron sus coches.

Para entonces ya se había creado un "estado" autónomo rasta de unos 1.600 habitantes en Pinnacle, en las colinas de St. Catherine y existían al menos doce comunidades rastas con numerosos miembros. En toda Jamaica había unos cien mil rastafaris, lo que suponía alrededor del cuatro por ciento de la población, además de numerosos simpatizantes. Muchos rastafaris eran de extracción rural, debido a la emigración forzosa a las ciudades, viéndose concentrados en los guetos del oeste de Kingston, en las zonas de Dungle y Back-a-Wall.

ESTÉTICA RASTAFARI

> *You should be grateful, fi wah Jah done for you*
> *You should be thankful, fi Jah Jah love so true*
> *Jah Jah bless the dreadlocks, who choose, do His works*
> *Jah Jah bless the dreadlocks, who praise His name.*

De la canción "Jah Jah bless the dreadlocks" (1978),
de los Mighty Diamonds

Los rastafaris exteriorizan su fe luciendo las famosas 'dreadlock', trenzas de cabellos hilados que recuerdan la melena del León de Judá, el cual forma parte de la bandera de Etiopía, siguiendo la tradición del *Kebra Nagast*. Para el rastafarismo, además, el León de Judá representa a Haile Selassie I.

El lucimiento de las trenzas rastafaris se basan en el verso del libro de Levíticos, perteneciente al Antiguo Testamento, que dice: "Los sacerdotes no se raparán la cabeza, ni se despuntarán la barba ni se harán heridas en el cuerpo". Cubriendo sus dreadlock, los rastafaris lucen los 'tams', gorros de lana, y vestimenta confeccionadas con tejidos naturales. En su indumentaria suelen verse los colores de la Tierra Madre, Etiopía, verde, amarillo y rojo, colocados en el lado izquierdo para las mujeres y en el derecho para los hombres y que simbolizan la vegetación (verde), la riqueza (amarillo) y la sangre derramada por los mártires negros africanos.

GANJAH Y ALIMENTACIÓN

> *La hierba te descubre todo el daño que haces.*
> *Es tu conciencia y te muestra tu verdadera imagen.*
> *La hierba te hace meditar; quizás puedas hacerlo sin ella,*
> *si eres una persona tranquila y equilibrada,*
> *pero si vas al bosque hasta los pájaros te sonarán más dulces.*
>
> Bob Marley

En Trench Town, antítesis del lujo de Montego Bay y Ocho Ríos, zonas residenciales donde un cinco por ciento de minoría blanca puede gozar de una vida más cómoda que el noventa y cinco por ciento restante de población negra, los rastas fuman la hierba de Jamaica, la ganja, una especie de marihuana. Para ellos no es una droga, sino una parte de su propia elevación. Saben que está prohibida, pero comercian con ella como medio de subsistencia.

Según las creencias del rastafarismo, el cannabis o marihuana, fue hallada en el lugar de la tumba del rey Salomón, emplazada en el Monte Sión, aunque no existe refutación documental de dicho hallazgo.

Si bien no hay la obligación alguna de fumarla, el uso del cannabis o marihuana, jamás de manera lúdica exclusivamente, se fundamenta en que aumenta el poder de la meditación, llamada 'Itación', y permite encontrarse con la presencia divina, momento en que se expresa la 'Karamawi', o palabra para alabar a Dios. La marihuana busca exhortizar el significado de la expresión 'I & I' ('Yo y yo'), es decir: Dios está dentro de todos nosotros y debemos conectar con él. La 'hierba sagrada' es salud para la nación rastafari y no produce adicción, mientras que otras substancias como el alcohol son la destrucción de la raza humana.

En cuanto a la alimentación rastafari, en términos generales se basa en la comida 'I-tal', que es la que no ha tenido contacto con la química moderna, estando exenta de conservantes y aditivos. Muchos rastafaris son vegetarianos, mientras que de ellos los que comen carne no ingieren la de cerdo, así como tampoco marisco, alcohol, café, leche o refrescos, entendidos como 'No I-tal'.

3. Los artistas

A

The Abyssinians

Roots reggae armónico

Este trío de roots reggae, famoso por sus armonías vocales y su promoción del rastafarismo, se formó en 1968 por Bernard Collins, Donald Manning y Linford Manning, aunque no sería hasta 1976, aprovechando la eclosión de la música jamaicana en todo el mundo, cuando publicaron su primer disco, *Satta Massagana*, producido por ellos mismos y Clive Hunt y publicado a través del pequeño sello Pentrate, propiedad del propio Hunt y del desaparecido Geoffrey Chung, y poco después en Estados Unidos por Jam Sounds.

De esta primera grabación destacan tres canciones que ya habían sido publicadas en ediciones limitadas en formato single: "Satta massagana" y "Y mas gan", parcialmente escritas en amárico, lengua sagrada de los rastafaris, y originalmente producidas en el Studio One de Clement 'Coxsone' Dodd, así como "Declaration of rights".

Tras un título menor como *Arise*, que vería la luz en 1978, en 1980 Abyssinians decidieron separarse, aunque en 1982 aparecería a modo póstumo otro de sus grandes trabajos, *Forward*. Donald Manning continuaría actuando con el nombre de la formación, acompañado por su hermano Carlton y David Morrison. No obstante, en 1989, el trío original volvería a reunirse y de las sesiones de grabación que llevaron a cabo saldría el álbum *19.95$ + Tax*, publicado en 1995 y tres años más tarde relanzado bajo el título *Reunion*.

A una nueva etapa de silencio le seguiría otra de conciertos repartidos entre 2005 y 2007 por Europa y Estados Unidos, en los que Abyssinans estarían formados por Donald Manning, Bernard Collins y David Morrison.

Dennis Alcapone
El padrino del dancehall

Nacido como Dennis Smith el 6 de agosto de 1947 en Clarendon (Jamaica), comenzó en 1969 a hacerse un hueco en el panorama musical jamaicano con su propio sound system, El Paso, que fundó junto a Lizzy y Samuel 'The First'. A comienzos de los años setenta el desaparecido productor Keith Hudson se interesó por él y le propuso hacer una versión de "Old fashioned way", anterior éxito de Ken Boothe y que también lo sería por Smith bajo el título de "Spanish omega". Tras otros sencillos que consiguieron cierta popularidad ("Shades of Hudson", "Revelation version", "Maca version" y "The sky's the limit"), Smith regresó al Studio One de ''Coxsone' Dodd, adoptando el definitivo alias de 'Alcapone' y publicando un nuevo éxito en Jamaica, "Nanny version", que Dodd incluiría en el recopilatorio de sencillos que significaría el primer álbum oficial de Alcapone, *Forever Version*.

Entre 1971 y 1972, Alcapone se pondría bajo la dirección de 'Duke' Reid, quien le produciría una nueva hornada de singles ("Number one station", "The great Woggie", "Teach the children" y "Musical alphabet"), al mismo tiempo que también lo haría para Bunny Lee, con el que grabó temas como "Ripe cherry" o "Guns don't argue". Precisamente, aquellos primeros años setenta fueron el testimonio de la extraordinaria capacidad de trabajo de Alcapone, que llegó a lanzar nada menos que un centenar de singles, llegando a grabar varios en un mismo día bajo las directrices de productores como Lee Perry, Joe Gibbs o Prince Buster.

Reconocido en su momento como uno de los más influyentes DJ jamaicanos, Alcapone se trasladaría en 1974 a Gran Bretaña, donde mantendría una frenética actividad de actuaciones hasta 1977, año a partir del cual reduciría drásticamente tanto sus apariciones públicas como sus trabajos en estudio.

No obstante, a finales de los años ochenta Alcapone regresaría a la actividad musical, publicando nuevos álbumes en los que se aprecia un ocasional interés por la espiritualidad, como muestran *Peace & Love* (1995) o *Wake Up Jamaica* (2005).

Alpha Blondy
Crítica concienciada

Nacido en Dimbokora, Costa de Marfil, el 1 de enero de 1953 como Seydou Koné, Alpha Blondy es uno de los más importantes intérpretes de reggae, dotado de una contrastada conciencia política. Adoctrinado por su abuela, Cherie Coco, en el Corán y la tolerancia religiosa y étnica, y tras vivir una juventud inconformista –durante la cual se ganó el apodo de 'Blondy' ('Bandido'), que al rematarlo posteriormente con 'Alpha' se atribuiría el significado de 'Primer Bandido'–, Alpha Blondy comenzó su trayectoria musical a mediados de los años setenta versioneando a Bob Marley en algunos clubs de Harlem, donde fue descubierto por Clive Hunt.

Sin embargo, algunos problemas de salud le llevaron a regresar temporalmente a Costa de Marfil, hasta que contactó con George T. Benson, quien le produciría su primer disco, *Jah Glory!* (1985), del que resultaría un éxito el tema "Brigadier sabari", corte en el que se describe un enfrentamiento real con la policía en el que resultó brutalmente golpeado.

A este primer trabajo le seguirían otros dos igual de trascendentes: *Apartheid is Nazism* (1987) y *The Prophets* (1989), claves para entender la evo-

lución de la música reggae en aquella década.

Sin dejar de publicar discos altamente recomendables (*Yitzhak Rabin* -1998-, *Paris Bercy* -2001-...), y asentado desde hace años en Francia, Blondy sigue en plena actividad, como lo demuestra la publicación en 2015 del álbum *Positive Energy*, en el que confluyen tanto su eterna banda de acompañamiento, The Solar System, con otros artistas invitados, como Ijahman Levi, Tarrus Riley o Pierrette Adams, así como la realización de actuaciones por Sudamérica y Europa, las cuales redundan en el interés y el alcance de este ídolo intergeneracional del reggae.

Horace Andy
El férreo eslabón entre generaciones

Nacido en Kingston como Horace Hinds el 19 de febrero de 1951, Horace Andy es otro de los representantes veteranos del reggae tradicional con profundas raíces rastafaris. A pesar de su larga carrera musical, Andy ha logrado perpetuarse entre las nuevas generaciones de seguidores del género, abriéndose incluso a estilos más recientes, como el trip hop, especialmente gracias a su colaboración con los británicos Massive Attack, con los que ha participado puntualmente hasta en cinco de sus discos (*Blue Lines*, *Protection*, *Mezzanine*, *100th Windows* y *Heligoland*).

Por lo que se refiere a su discografía, iniciada en 1970 con la publicación del sencillo "Got to be sure", producido por 'Coxsone' Dodd, y que también incluye colaboraciones con artistas como Winston Jarrett, Dennis Brown o Sly & Robbie, entre otros, su cancionero se consolida a partir de los años ochenta, con álbumes tan notables como *Dance Hall Style* (1983), *Jah Shaka Meets Horace Andy* (1993) o *Seek+You Will Find* (1996).

No obstante, los discos que le dieron prestigio en su país fueron *In the Light* (1977), comentado en la selección de discos de este libro, y *Skylar-*

king, su segunda producción en estudio, publicada originalmente en Europa en el mes de abril de 1972 y en agosto de aquel mismo año en Estados Unidos y que en 1997 se reeditaría añadiéndosele dos temas, "One love" (adaptación de los de Bristol de un tema que Andy ya había grabado en Nueva York en 1981) y "Spying glass", de su más reciente y citada colaboración con Massive Attack.

En los últimos años, Andy ha mantenido su actividad trabajando junto a algunos productores europeos, como Andreas Christophersen (Cocoa Tea, Luciano, Tony Tuff...), responsable de su álbum *Serious Times* (2008), o el tándem formado por Rob Smith y Oliver Frost, quienes inteligentemente han introducido su música en los circuitos dubstep y house.

Arrow

El más popular cantante de soca

Este cantante y compositor originario de la isla caribeña de Montserrat, de nombre real Alphonsus Celestine Edmund Cassell (16 de noviembre de 1949 – 15 de septiembre de 2010), fue en su momento la primera gran estrella de soca, género musical surgido en Trinidad y Tobago, derivado del calypso y vinculado al dancehall y caracterizado por melodías bailables y acentuadas percusiones que en su momento también fue dado a conocer por artistas como Lord Kitchener, Mighty Sparrow e incluso Byron Lee & los Dragonaires.

Involucrado en la música desde niño, Cassell comenzó de manera semiprofesional a cantar calypso en 1967, haciéndolo ya de manera profesional en 1969, tras ganar el concurso Montserrat Calypso King.

Dos años después, 1971, publicaría su primer álbum, *Arrow on Target*, seguido por *Arrow Strikes Again* (1972), en el que ya se podía apreciar su

particular juego híbrido de calypso con otros estilos, como el rhythm and blues o la salsa, una despreocupada mezcolanza que le valió duras críticas.

Pasado el primer momento de popularidad de la soca, la producción discográfica de Arrow se detendría durante una década, hasta que en 1982 se uniría al productor Leston Paul para grabar el álbum *Hot Hot Hot*, al que pertenece la canción de igual título que se convertiría en un éxito en Centroamérica, hasta el extremo de ser una de las canciones de la Copa del Mundo de Futbol de 1986. Además, el tema sería la excusa para que dos años después Arrow alcanzase repercusión internacional con "Long time", tema perteneciente a su disco *Soca Savage* y Top 30 en Gran Bretaña.

Adaptándose a los tiempos, Arrow comenzó a tantear el terreno del merengue con *Heavy Energy* (1986), lo que le mantuvo como uno de los artistas caribeños más cotizados del momento, estatus que le permitiría asentarse en Montserrat como un afortunado hombre de negocios con talante filantrópico, como demostraría tras la cruenta erupción volcánica que asoló la isla al promover el festival benéfico Bermuda's Soca en 1996 o el celebrado en 2010 con motivo del terremoto que asoló Haití.

Durante todos esos años, y manteniendo la regularidad con su discografía hasta la llegada del nuevo siglo, Arrow también ha logrado cierto eco en el mercado estadounidense, en el que ha colado dos temas de éxito moderado, "Groove master" (1988) y "O la soca" (1989), Top 30 y Top 40 respectivamente en la lista de éxitos dance music, así como el del álbum *Soca Dance Party*, número 4 en la lista de discos de World Music.

Aswad

Los leones de Notthing Hill Gate

Los miembros de Aswad, la formación de reggae más popular que ha dado Gran Bretaña, pertenecen a la generación de primeros descendientes de emigrantes jamaicanos llegados a Gran Bretaña en los años cincuenta, con el vínculo personal de haberse conocido en el Holland Park, un instituto próximo a Landbroke Grove. Formados en 1975 por el guitarrista Brinsley Forde, el batería Angus Gaye, el también guitarrista Donald Griffiths, el bajista George Oban y el teclista Courtney Hemmings, Aswad iniciaron su periplo musical un año después, con la publicación del álbum homónimo, si bien durante algún tiempo subsistirían económicamente colaborando como banda de acompañamiento de Burning Spears, apareciendo en el disco *Live* (1977), del cantante de St. Ann.

Su segundo disco en estudio, *Hulet* (1978), continuaba mostrando en sus letras las vivencias de la juventud negra británica, plasmada en una base de roots reggae implementada con sonoridades jazz y del estilo de los Wailers.

Girando en torno al trío formado por Forde, Gaye y Robinson, Aswad asentarían definitivamente su nombre en el panorama musical con los discos publicados a lo largo de los años ochenta, como *New Chapter* (1981), *Showcase* (1981, al cual pertenece el himno "Warrior charge", a su vez incluido en la banda sonora de la película *Babilón*, protagonizada por Brinsley Forde), *Not Satisfied* (1982), *Rebels Souls* (1984) y *To The Top* (1986), todos éstos epicentro de su legado, si bien lograrían trascender en el mercado norteamericano con otros títulos posteriores y de menor calado, como *Distant Thunder* (1988), Top 50 y trabajo al que pertenece la versión "Don't turn around", pieza original de Albert Hammond y Diane Warren que los londinenses llevaron al número 1 en Gran Bretaña y al Top 50 de la lista de

sencillos Hot R&B/Hip hop; *Too Wicked* (1990), número 3 en la lista World Music, y *Rise* (1994), número 8 en la lista de álbumes reggae.

De ahí que la menor relevancia artística de su obra en los años noventa, más volcada en el dancehall y el soul, haya hecho que la crítica mantenga posiciones encontradas a la hora de valorar la discografía de Aswad en su conjunto. No obstante, en su país natal siempre han tenido la predisposición de un público fiel, lo que les permitiría entrar en el siglo XXI con un éxito, el single "Shy guy", incluido en su álbum *Cool Summer Reggae*, publicado en 2002. Ya sin Forde, la banda continuaría actuando de manera regular hasta 2008.

Bankie Banx

El 'Bob Dylan del reggae'

Nacido en 1953 como Clement Ashley Banks en la isla caribeña de dominio británico de Anguila, la aportación de Bankie Banx al reggae no es baladí, puesto que algunos lo consideran como un cruce entre Bob Dylan y Bob

Marley, pues en su repertorio se mez-
clan estilos como el folk, el reggae y
el jazz.

Precoz en cuanto a su interés por la
música, a los diez años ya había construido con sus propias manos su primera guitarra, Banx formaría su primer combo en 1967, aunque tuvo que
esperar diez años más hasta conseguir
su primer hit, "Prince of darkness",
preludio de una breve serie de éxitos,
así como de su primer larga duración, *Roots and Herbs* (1978).

En 1983, participaría en el festival Reggae Sunsplash, actuación a la que
seguiría su primera gira de conciertos por Europa que le llevarían a asentarse en el Viejo Continente a lo largo de los siguientes tres años, período
tras el cual Banx regresó temporalmente a Anguila, para trasladarse posteriormente a Nueva York, donde apoyado por una nueva banda de acompañamiento, los New York Connection, logró cierto prestigio en el ambiente
musical underground de la Costa Este; eso sí, sin olvidar a su isla natal, donde desde 1991 organiza el festival anual Moonplash Music, que con el paso
de los años se ha convertido en uno de los referentes de la música reggae,
habiendo actuado en él artistas como Thirld World y Freddy McGregor,
incluidos en el cartel de 2015, así como un largo etcétera de grandes nombres del reggae.

A pesar de su larga carrera, Banx ha ido presentando regularmente nuevas
producciones discográficas, como *The News* (2009) o *Just Cool* (2012), en las
que se percibe su talento innato y su habilidad para mantener el contacto
con el público actual, tanto europeo como norteamericano.

Beenie Man
Talento y fobia

Nacido el 22 de agosto del año 1973 en Kingston como Anthony Moses
Davis, Beenie Man es uno de los vocalistas de reggae más populares tanto
por sus colaboraciones con artistas como Don Omar o Julio Voltio, como

por sus oportunamente cuestionados textos homófobos de algunas de sus canciones.

A este respecto, algunas de sus proclamas musicales han suscitado las protestas de colectivos LGBT y de derechos humanos de diversos países, lo que en la práctica ha determinado la cancelación de algunas de sus actuaciones en Estados Unidos y Europa. Lejos de expresarse de manera frívola y calculada por el simple interés de captar la atención mediática, esta característica de Beenie no es sino la manifestación de una convicción errónea arraigada en algunos sectores de la sociedad jamaicana.

En lo concerniente a su trayectoria discográfica, y analizada desde un estricto punto de vista musical, ésta arrancó con firmeza a comienzos de los años noventa, valiéndole el ser reconocido como uno de los principales referentes del dancehall, gracias a discos de primera fila, como *Blessed* (1995), *Maestro* (1996), ambos Top 10 en Estados Unidos, y *Many Moods of Moses* (1997), número 1 también en Estados Unidos.

Hay que sumársele el alcance comercial de otras de sus grabaciones, como *The Doctor* (1999), *Art and Life* (2000), el cual le valió el Grammy al Mejor Disco de Reggae de 2000, *Tropical Storm* (2002), *Back to Basics* (2004) o *Undisputed* (2006), todos ellos número 1 en la lista reggae de la revista *Billboard*, así como una larga retahíla de singles, de entre los cuales destacan "Who am I", "Girls dem sugar", "Feel it boy", "King of the dancehall" o "Dude", éxitos todos ellos entre finales del siglo XX y comienzos del presente.

Big Youth
Una incandescente estrella fugaz

Considerado como uno de los más innovadores e influyentes músicos jamaicanos de los años setenta, Manley Augustus Buchanan (19 de abril de 1949), aka Big Youth, es originario de Trenchtown, población apodada como el 'Hollywood de Jamaica', por ser cuna de muchas de las grandes

estrellas del rocksteady y del reggae.
Imponiéndose a sus humildes raíces,
que le llevaron a ser uno de los me-
cánicos del lujoso hotel Sheraton de
Kingston, y bajo la influencia de U-
Roy, Big Youth comenzó a grabar sus
primeros sencillos para productores
como Lee Perry, Phil Pratt y Jimmy
Radway, hasta que en 1972 dio el gran
salto al trabajar junto a Augustus Clarke, quien le produjo la canción "The
killer", seguida poco después por "Tippertone rocking", ambas incluídas en
su primer larga duración, *Screaming Target* (1973), clásico producido por
Gussie Clarke y distribuido en Europa por el sello Trojan (en Jamaica se
encargaron de ello Gussie y Jaguar). En ésta grabación se hace acopio de
ritmos anteriormente registrados por artistas como Gregory Isaacs, Augustus Pablo, Dennos Brown, Roman Stewart, Glen Brown, Leroy Smart y
Lloyd Parks.

No obstante, *Screaming Target* es una obra maestra en toda regla, a la que
Youth daría continuidad tres años más tarde con *Natty Cultural Dread*, otro
de sus más grandes trabajos, junto a los posteriores *Dreadlocks Dread* (1978)
y *The Chanting Dread Inna Fine Style* (1983).

También merece destacarse su disco *A Luta Continua*, de 1985, en el que
se decanta hacia las sonoridades jazz en compañía del músico jamaicano del
género Herbie Miller. Después, paulatinamente, Big Youth iría apartándo-
se del epicentro musical, aunque ello no le ha impedido publicar títulos ocasionalmente, siendo su último trabajo hasta la fecha *Musicology*, aparecido
en 2006.

Black Uhuru

El destino de Derrick Simpson

Con el reconocimiento de ser la primera formación de reggae que ganó
un Grammy, por su álbum *Anthem* (1983), y el marchamo de la reivindicación rastafari indeleble en su propio nombre (que combina el término

inglés 'black', 'negro', con el vocablo swahili 'uhuru', 'libertad'), Black Uhuru se formaron en Kingston en 1972, con Ervin 'Don Carlos' Spencer, Rudolph 'Garth' Dennis y Derrick 'Duckie' Simpson, éste último líder atemporal de la formación.

Su primer disco, *Love Crisis*, se publicó en 1977, aunque sería a partir del siguiente cuando el grupo ofreció durante la primera mitad de los años ochenta una discografía prácticamente impecable, con títulos tan indispensables como *Sinsemilla* (1980), *Red* (1981) o *Chill Out* (1982).

Diferente valoración obtendrían sus grabaciones pertenecientes a los años noventa, las cuales, no obstante, les valieron introducirse en el mercado estadounidense, en el que lograron un gran éxito comercial con álbumes como *Now* (1990), *Iron Storm* (1991) o *Strongg* (1994), los tres situados en la cima de la listas de World Music.

Los nuevos aires en la industria musical a finales del siglo pasado, llevaron a Black Uhuru a convertirse en una referencia imprescindible aunque, lamentablemente, mermada por su inactividad desde 2004.

Bounty Killer

El príncipe del hardcore dancehall

Nacido en Kingston como Rodney Basil Price el 12 de junio de 1972, Bounty Killer comenzó en la música marcado por dos circunstancias: la primera, que su padre fuera productor y propietario del sound system DJ Jack Scorpio; la segunda, que a los catorce años Bounty recibiese un disparo en el transcurso de una refriega, lo que le conminó a que durante la correspondiente convalecencia adoptase su nombre artístico.

Su primera entrada en un estudio de grabación, el de King Jammy, se produjo a mediados de 1992 y al año siguiente ya participaría en el festival Sting, evento en el que surgió su conocida animadversión hacia Beenie Man

(de hecho, la personalidad volátil de
Bounty le ha llevado a ser arrestado
hasta en tres ocasiones a comienzos
del siglo XXI).

Dos años después, resultado de su
espíritu independiente, Bounty fun-
daba su propio sello discográfico,
Priceless Records, así como su propia empresa de representación, Scare
Dem Productions, justo en el momento en que empezó a ser conocido
en Estados Unidos y Europa gracias
al que es considerado como el mejor
trabajo de su discografía: *My Xperience*, disco publicado en 1996, número
1 en las listas reggae de Estados Unidos y al que pertenece el single "Hip-
hopera", número 14 en la lista de sencillos rap.

El éxito de My Xperience continuaría al año siguiente con *Next Mille-
nium*, también número 1 en Estados Unidos y del que se extrajo el single
"Deadly zone", número 8 e incluido en la banda sonora de la película *Blade*.

Además, en esos años Bounty colaboró con artistas como Busta Rhymes,
The Fugees, Wycleaf Jean o No Doubt. Precisamente, con estos últimos
grabaría la canción "Hey baby", que ganaría el Grammy a la Mejor Interpretación Vocal de Dúo o Grupo.

Tras un nuevo éxito comercial logrado con los álbumes de 2002 *Ghetto
Dictionary: The Mystery* y *Ghetto Dictionary: The Art of War*, ambos Top 5 en
Estados Unidos, uno de los últimos pasos más significativos en la trayecto-
ria musical de Bounty Killer se produjo en 2003, cuando creó el colectivo de
DJs The Alliance, junto a Busy Signal, Mavado Wayne Marshall y, durante
un breve período de tiempo, Vybz Kartel.

Dennis Brown

La gran esperanza perdida

Dennis Emmanuel Brown, nacido en la popular calle Beat de Kingston el 1
de febrero de 1957, fue descubierto a finales de los años sesenta por 'Coxsone'

Dodd tras una actuación en el programa de televisión *Vere John's Opportunity Tour*, logrando, entre 1971 y 1973, sus primeros éxitos, bajo la producción de Gussie Clark, Gregory lsaacs o Joe Gibas. A ese período corresponde su etapa dedicada al denominado soul jamaicano, estilo que se puede apreciar en temas como "Easy take it easy", "My brethren", "No man is an island" (versión de The Impressions), "It's too late" (de Carole King) y el popular "Money in my pocket", su primer éxito de alcance internacional.

Pero es en 1974 cuando Brown, tras iniciar su colaboración con Winston Holness, se introduce en el negocio musical británico gracias a su aproximación al roots reggae, lo que le valdrá no tan solo éxitos como "Westbound train", "Cassandra", "Yaga, yaga", "I'm the conqueror" o "Have on tear", sino convertirse, al menos para muchos, en uno de los sucesores más aventajados de Bob Marley. Su carrera llegó a la cota más alta en 1979, cuando publica el álbum *Words of Wisdom*, cuya calidad y repercusión captó el interés del sello A&M, con el que Brown firmará en 1980.

Este contrato le permitirá llegar al público anglosajón, lo que se materializaría mediante el disco *Love Has Found Its Way* (1982), Top 40 en la lista rhythm and blues de la revista *Billboard*, aunque para conseguirlo tuviese que 'edulcorar' su música.

Ya en los años noventa, Brown intentó dar una desesperada nueva vuelta de tuerca a su carrera abriéndose a estilos como el lovers, del cual está considerado uno de sus mejores referentes, y el dancehall, pero su trayectoria decayó aceleradamente por el consumo de drogas, que le conducirían tristemente hasta la muerte en su Kingston natal el 1 de julio de 1999.

Buccaner
Dancehall revolucionado

Nacido en 1974 bajo el nombre de Andrew Bradford, Buccaner es un peculiar intérprete de ragga toasting en ocasiones de aspecto futurista y con un repertorio tan ecléctico que no teme incluir alusiones a la ópera o a la new age.

Con veinte años recién cumplidos consiguió su primer éxito en Jamaica, el tema "Hey Yah hey Yah", publicando al año siguiente, 1995, su primer

álbum, *Now There Goes the Neighbour-hood*, creado a partir del trabajo en la composición y producción de su tutor musical Danny Browne y trabajo que le permitió participar en la edición de aquel mismo año del festival Reggae Sumfest.

Todavía en 1995, Buccaner conseguiría llamar la atención del público con "Skettel concerto", un tema inspirado en *Las Bodas de Figaro* de Mozart, recurso musical de corte clásico al que volvería a recurrir en sus dos siguientes cedés, *Classic* (1997) y *Da Opera* (1998), para los que se inspiró en piezas clásicas como "Sonata a la luz de la luna", "El waltz del Danubio azul" o en temas originales de la artista irlandesa Enya, como "Orinoco flow" y "Fade away". Lo curioso es que también en 1998 Buccaner llevó a cabo una inesperada colaboración con la banda de punk norteamericana Rancid, con el tema "Bruk out".

Con el paso de los años, Buccaner también ha querido inmiscuirse en las labores de producción, fundando el sello Opera House, y supervisando los trabajos de artistas como Sean Paul o Tami Chynn. Tras desatender su carrera durante la primera década del siglo XXI, en 2014 Buccaner publicaba *The Darkside*, disco de veinte canciones producidas por Def Jam, Steven Mardsen y el dúo Steely and Clevie precisamente entre 2001 y 2008 y para algunas de las cuales contó con las colaboraciones de Damian Marley, Lady Saw y Spragga Benz.

Buju Banton

Un genio enjaulado

De nombre real Mark Anthony Myrie y nacido el 15 de julio de 1973 en Salt Lane, Kingston, Buju Banton, descendiente cimarrón, es uno de los más conocidos músicos de dancehall, debutando en los años noventa con una serie de singles dotados en sus letras de una sexualidad explícita.

Su primera grabación, el tema "The ruler", la hizo en 1986 junto al productor Robert French, aunque fue a comienzos de la siguiente década cuando graba con Donovan Germain, propietario del sello Penthouse, y con Dave 'Rude Boy' Kelly. Con ellos publicará el single "Man fi dead" y su primer gran éxito, "My love my browning", que desató la polémica en Jamaica. No obstante, en 1992, año en que grabaría el polémico tema "Boom by bye", de connotaciones homófonas palmarias, Banton rompe el record de Bob Marley de conseguir más números uno en un año en Jamaica. De ahí que tras publicar su álbum debut, *Mr. Mention*, firmase con la multinacional americana Mercury, que en 1993 distribuiría a nivel internacional *The Voice of Jamaica*, número 6 en Estados Unidos y del que fue éxito la canción "Willy (don't be silly)".

Tras el relevante single "Murderer", inspirado en la violencia que rodea al dancehall y las muertes por arma de fuego de sus camaradas DJ Panhead y Dirtsman, Banton lanzaría en 1995 el que está considerado como su mejor disco, *'Til Shiloh*, mezcolanza de dancehall y reggae clásico y repleto de textos maduros y creativos. El estado de gracia continuaría en 1997, con *Inna Heights*, y en 2000, con *Unchained Spirits*.

Tres años después *Friends for Life* se mostraría como un híbrido resultado de fusionar elementos de hip-hop, rhythm & blues y pop, que no contó con la promoción adecuada, por lo que Banton optó por fundar su propio sello, Gargamel Music, con el que en 2006 publicaría *Too Bad*, de estricto dancehall reggae y al que pertenece el tema "Driver A".

Rasta Got Soul (2009) permitiría a Banton llevar a cabo la gira más extensa de su carrera, recorriendo Estados Unidos, Canadá y Europa. Poco después de la publicación de *Before the Dawn* (2010), Grammy al Mejor Álbum de Reggae y número 2 en Estados Unidos, la carrera de Banton se vería truncada el 22 de febrero de 2011, fecha en la que fue condenado por tráfico de drogas. Está prevista su puesta en libertad para comienzos de 2019.

Burning Flames
El soca también existe

Originarios de la isla caribeña de Antigua y Barbuda y formados en 1984 por los hermanos Edwards –Toriana, David y Clarence–, Burning Flames son una de las referencias aún en activo que interpretan soca, aunque en su cancionero también se den cabida otros estilos de la zona como el calypso.

Tras su paso como miembros de la banda de acompañamiento de Arrow, el más representativo cantante de soca, Clarence y Toriana decidieron iniciar su propia carrera musical, actuando en 1985 en el carnaval Road March,

un festejo que Antigua comparte con Trinidad y Tobago y que la banda ganaría consecutivamente entre 1991 y 1996, y en el que en aquella primera ocasión aprovecharían para presentar el tema "Stiley tight", que un año después publicarían como primer single.

Ya en 1989, Burning Flames conseguirían captar el interés del mercado internacional con "Workey workey", canción que en 1991 incluirían en *Dig*, hasta el momento el álbum más representativo de su discografía y con el que consiguieron el número 14 de la lista de discos de World Music en Estados Unidos.

Tras la marcha en 1997 de Toriano, decidido a sacar adelante su propia carrera en solitario, Burnnig Flames ficharon para ocupar su puesto a Bryan Fontanelle y a Onika Bostik, quienes se estrenaron con el álbum *Hokus Pokus*, de 1999. Lamentablemente, en 2004 Bostik fallecería en un accidente de circulación, circunstancia que llevó a Toriano a regresar al grupo, el cual, desde entonces, ha mantenido una actividad discográfica regular y de principal trascendencia limitada al entorno geográfico caribeño.

Burning Spear
Otra leyenda viva del reggae

Nacido como Winston Rodney el 1 de marzo de 1948 en St. Ann's Bay, Burning Spear es una de las grandes voces del reggae y uno de los principales músicos valedores del rastafarismo.

Marcus Garvey y Bob Marley fueron sus principales inspiradores; el primero, en lo concerniente a la filosofía espiritual y vital, llevándole a ser uno de los más populares defensores de la autodeterminación propugnada

por Garvey y de la repatriación de los descendientes africanos; el segundo, Marley, lo fue porque le ayudó en sus inicios en el mundo de la música, presentándole a 'Coxsone' Dodd. Su discografía ha mantenido desde siempre un nivel de calidad elevado, con un buen número de discos ejemplares, especialmente los correspondientes a los años 1970 y 1980, de los cuales caben destacar *Marcus Garvey* (1975), *Hail H.I.M.* (1980) o *Jah Kingdom* (1992), reflejo de sus convicciones personales, además de otras producciones que lograron una gran repercusión comercial, como *Mek We Dweet* (1990), *Appointment With His Majesty* (1997), *Calling Rastafari* (1997) o *Jah Is Real* (2008), estos dos últimos Grammy al Mejor Álbum de Reggae de 1999 y 2008, respectivamente, y Top 10 en Estados Unidos en las listas de World Music o Reggae.

Retirado parcialmente de los escenarios, desde 2002, y junto a su esposa, Sonia Rodney, Burning Spear ha centrado sus actividades en el funcionamiento de su sello Burning Spear Records, dedicado a la publicación de su propio material, el cual, hasta la fecha, ha distribuido una cuarentena de títulos, entre singles y álbumes en formato vinilo y CD. Burning Apear continúa inmerso en las raíces del movimiento y, por tanto, siguiendo fiel a la historia, la cultura y el estilo de vida del rastafarismo.

Junior Byles
La figura trágica del reggae

Nacido el 17 de julio de 1948 en Kingston y conocido también con el alias de 'King Chubby', Junior Byles comenzó su carrera musical en 1967, al formar The Versatiles, junto con Dudley Earl y Ben 'Louis' Davis, trío descubierto por Lee 'Scratch' Perry, quien medió por ellos ante el productor Joe Gibbs tras esucharlos interpretar la canción "The time has come".

No obstante, y después de que durante los siguientes dos años también colaborasen con otros productores como 'Duke' Reid y Laurel Aitken, en 1970 el grupo se separó y Byles inició su carrera en solitario con el apoyo de Perry. Su trabajo rápidamente se caracterizaría por unos textos contagiados por sus creencias rastafaris, además de por su compromiso político, como demostró en 1972 al tomar parte, y meses después criticar, la gestión del presidente Michael Manley. Aquel mismo año, Byles conseguiría su mayor hit, una versión dub de "Fever", anteriormente interpetada por la cantante norteamericana Peggy Lee, además de publicar el álbum *Beat Down Babylon*, que significaría su primera entrada en el mercado discográfico británico.

En 1975 aparecería el primero de los considerados como sus mejores obras, el álbum, *Fade Away*, un gran éxito en Gran Bretaña. El otro título cardinal de su discografía llegaría en 1978, bajo el título *Jordan*, dándose en él cabida temas como "A place called Africa", "Ain't too proud to beg" o "Oh Carolina". Por desgracia, este logro no evitó que Byles cayese en una depresión que le llevó a un intento de suicidio que le apartaría varios meses de la música, a excepción de la grabación de unos pocos singles (entre los que se incluyó una versión de la popular "Sugar sugar" de los Archies). Luego, a principios de los años ochenta, se trasladó a Nueva York, desde donde, y tras algunos tristes sucesos personales (la muerte de su madre, el incendio de su vivienda...), lanzaría en 1986 el álbum *Rasta No Pickpocket*, que pasó desapercibido.

La adversidad se volcó con fuerza con Byles y en 1987 comenzó a vivir en la calle, aunque ocasionalmente durante los años siguientes grabaría algunos nuevos singles ("Young girl" -1989-, "Little fleego" -1992-) e intervino, en 1997 y 1998, como invitado en algunas actuaciones de Earl 'Chinna' Smith. A mediados de la primera década del siglo XXI, Byles disfrutaría de un breve revival en Gran Bretaña, aunque tras este episodio regresaría a Jamaica, donde aún vive en la actualidad, conminado a una vida extremadamente humilde y padeciendo problemas mentales.

Susan Cadogan

La voz más sensual del reggae

Hija de la también cantante Lola Cadogan, Susan Cadogan, nacida como Alison Anne Cadogan el 2 de noviembre de 1951 en Kingston, está reconocida como una de las mejores voces jamaicanas de todos los tiempos.

Inició su carrera musical en 1970, de la mano de su amigo y DJ Jerry Lewis, publicando entonces el single "Love of my life" y ya en 1974 logró un éxito arrollador con una versión del tema "Hurt so good", una pieza soul anteriormente interpretada por Millie Jackson y que Cadogan grabó en el estudio Black Ark de Lee Perry. La popularidad de la canción permitiría a Cadogan aparecer en el popular programa de televisión *Top of The Pops*, lo que llevó a la canción hasta el puesto número 5 en las listas de éxitos británicas.

Aquel mismo año, 1975, Cadogan lograría otro éxito con el tema "Love me baby", número 22, aunque los dos siguientes discos, *Doing It Her Way* (1975) y *Hurt So Good* (1976), apenas lograron repercusión comercial.

Tras un par de singles aparecidos en los años ochenta, "Track of my tears" y "Piece of my heart", Cadogan volvería a su trabajo de bibliotecaria, apareciendo desde entonces muy puntualmente en actuaciones junto a Urdí Thomas o Glen Adams o eventos como el Heineken Startime Series de 2001.

Calypso Rose
La reina del calypso

Nacida el 27 de abril de 1940 en Bethel Village, una pequeña población de la isla de Trinidad y Tobago, bajo el nombre de Linda McArtha Monica Sandy-Lewis, Calypso Rose comenzó a cantar y escribir canciones en 1955, en una época en la que estaba de moda el calypso, el género musical afrocaribeño surgido precisamente en Trinidad y Tobago.

Calypso Rose en aquel entonces no lo tuvo fácil para dedicarse a la música, puesto que al rechazo frontal de su padre, un predicador baptista, tuvo que también hacer frente durante años a un género y a una industria dominados por los hombres, que en la práctica se tradujo como que entre 1968 y 1975 se le negase la corona del Carnaval Road March por el simple hecho

de ser mujer. Pero Calypso Rose, bisnieta de esclavos africanos, logró imponerse a los estereotipos y en 1977 y 1978 no tan solo ganó el carnaval, sino que además fue nombrada la primera reina del calypso, lo que en la actualidad la sitúa a la misma altura que otros grandes intérpretes del género, como Mighty Sparrow o Kitch.

De la discografía de Calypso Rose en formato larga duración, menos extensa de lo que cabría esperar tras seis décadas dedicadas a la música, destacan tres títulos: *Trouble* (1984), *Pan In Town* (1985) y *The Queen of Trinidad* (2012).

En 2013, Calypso Rose, que en la actualidad reside en Nueva York, vio reconocida su aportación a la música caribeña mediante el documental *Calypso Rose: the Lioness of the Jungle*, que no tan solo recoge su faceta musical, sino también las arduas vicisitudes personales que llegó a vivir.

Capleton

Fuego en la garganta

Clifton George Bailey III nació el 13 de abril de 1967 en Islington, un suburbio de Saint Mary, en el seno de una humilde familia que entre lo poco que pudieron aportarle fue el orgullo de reivindicar sus orígenes ancestrales. De ahí que en su adolescencia repudiase su nombre de origen europeo, optando por el de Capleton u otros alias como 'King Shango' (sacado de la lengua yoruba, hablada en Nigeria), 'El Profeta' o 'Fireman'.

Influido por el rastafarismo, a los dieciocho años se traslada a Kingston, donde inicia su carrera musical como corista, al mismo tiempo que participa en sus primeros sound system y viaja hasta Canadá para trabajar en el sello African Star, propiedad de Stewart Brown.

De nuevo en Jamaica, Capleton ficharía por Xterminator, la discográfica de Philipp Burrell, y rápidamente se convierte en uno de los gurús del dancehall, gracias a la interpretación de textos reivindicativos y a una musi-

calidad rimbombante. Su primer single, "Double trouble", aparecería en el mercado en 1992, obteniendo tan solo repercusión en Jamaica, aunque tres años después Capleton abriría brecha en Estados Unidos con el álbum *Prophecy*, número 3, del que fue éxito el tema "Wings of the morning".

Con el paso del tiempo, Capleton ha logrado un contrastado alcance internacional, gracias a discos como *More Fire* (2000), su trabajo más emblemático, *Still Blazin* (2002) o el más reciente *I-Ternal Fire* (2010).

Johnny Clarke

Lejos de Babilonia, cerca de la Verdad

Nacido el 12 de enero de 1955 en el gueto de Whitfield Town, Kingston, Johnny Clarke es uno de los músicos de reggae menos valorados fuera de Jamaica, a pesar de que durante los años setenta grabó algunas de las mejores canciones del género.

Artista precoz, en 1971, a los diecisiete años, Clarke ganó el concurso organizado por Tony Mack en Bull Bay, lo que le permitió trabajar con Clancy Eccles, productor con el que grabaría su primera canción, "God made the sea and the sun", que no obtuvo especial repercusión comercial por inacción del propio Eccles en su promoción. Sin desanimarse, Clarke se puso rápidamente al servicio de Rupie Edwards, quien le produjo sus primeros éxitos aparecidos en 1973: "Everyday wondering", "Ire feelings" y "Julie".

Al año siguiente llegarían nuevos títulos populares, entre los que estuvieron "Jump back baby", producido por Glen Brown, y la versión de Bob Marley "No woman no cry", de la que Clarke vendería 40.000 copias en Jamaica, aunque sería su posterior asociación con Bunny Lee la que le daría el espaldarazo definitivo, gracias a los discos *None Shall Escape the Judgement* (1974) y *Moving Out* (1975), que en Gran Bretaña darían lugar al álbum *I'm Gonna Put It On*, distribuido por Trojan.

El alto nivel creativo continuaría con *Enter Into His Gates* (1975) y especialmente con *Rockers Time Now* (1976), considerado su mejor trabajo. Luego su discografía iría circunscribiéndose cada vez más a los confines de la isla caribeña, lejos del mainstream de la industria internacional. No obstante, en su conjunto, la obra de Clarke, además de por su calidad musical, merece tenerse muy en cuenta, puesto que sus letras redundan con docta habilidad en la fe y las creencias del rastafarismo.

Jimmy Cliff
El profeta reggae

Este oriundo de St. James, donde nació como James Chambers el 1 de abril de 1944, es el referente más popular del reggae tras, claro está, Bob Marley, aunque se avanzó a éste en el tiempo gracias al éxito internacional de la película *The Harder They Come*, estrenada en 1971, y la canción que incluía la banda sonora de la película, "Many rivers to cross". A pesar de que película y banda sonora no cuajaron exitosamente en su momento en las listas de

éxitos internacionales, el paso del tiempo ha hecho que se entiendan, especialmente la canción, como ejemplos sobresalientes de la cultura reggae.

Se puede decir que Cliff fue el artista que sacó el reggae de su aislamiento, musical y geográfico, y propuso los primeros lazos con la cultura musical anglosajona.

No obstante, su carrera había comenzado a mediados de los años sesenta, al frente de los Dragonaires, y con el apoyo de Chris Blackwell llevó al éxito canciones como "Wild World", original de Cat Stevens, o "Vietman", además de grabar dos discos de buena factura, como *Jimmy Cliff* (1969) y *Wonderful World, Beautiful People* (1970).

Tras *The Harder They Come*, su producción discográfica se desarrollaría entre títulos encomiables, como *Struggling Man* (1973) o *Rebirth* (2012), producido éste último junto a Tim Armstrong, líder de los alternativos Rancid y número 1 en las listas reggae estadounidenses), con otros de menor calado, aunque siempre con un mínimo de alcance comercial, a través de singles ("Special", "Reggae night", "Peace", "I can see clearly now") y discos (*Breakout* -1992-, *Black Magic* -2004-) que el gran público ha colocado en los principales charts y cuyo interés permite al vocalista y compositor seguir ofreciendo en los últimos tiempos esporádicas actuaciones, como su sorprendente participación en los eventos relacionados con el Gran Premio de Fórmula 1 de Bahrain, celebrado el 1 de abril de 2016.

The Congos

Obra y gracia de Lee Perry

Formados por Roydel Johnson, Cedric Myton y Watty Burnett, los Congos empezaron su singladura musical bajo el auspicio del gran Lee 'Scratch' Perry, mediante el single "At the feast", aunque cuando éste apareció la formación era un dúo integrado por Myton y Johnson. La ampliación a trío, con la incorporación de Burnett, fue decisión de Perry, y con éste los Congos fraguaron lo mejor de su discografía, el magistral álbum *Heart of the Congos*, publicado en 1977, considerado uno de los mejores títulos del roots reggae y que contó con dos remezclas a cargo del propio Perry, aparecidas ambas en las dos ediciones que se distribuyeron en Jamaica aquel mismo 1977. Y en la isla acabó el recorrido comercial del disco, ya que a pesar de que se

había previsto su distribución internacional a través de Island Records, una disputa entre el sello y Perry hizo que *Heart of the Congos* saliese al mercado a través del sello de Perry, Black Ark, cercenando así cualquier vestigio de reconocimiento global.

Para solventar el problema, los propios Congos costearon la venta del disco en Gran Bretaña, donde el álbum vería la luz en 1980. Poco después Johnson y Burnett abandonarían el grupo, que se mantuvo con vida gracias a Myton hasta mediados de los años noventa, pero ni con el regreso entonces de Burnett, la discografía de los Congos retomaría la excelencia de *Heart of the Congos*.

Eso sí, el nombre del trío se ha convertido en un referente para las nuevas generaciones de aficionados al reggae, como lo demuestra el impulso que adquirió en 2005 y 2006 gracias a la publicación de dos discos interesantes, *Give Them The Rights* y *Fisherman Style*, en los que participaron músicos consagrados como Sly Dunbar, Robbie Shakespeare, Earl 'China' Smith, Horace Andy o Max Romeo.

Finalmente, en 2009 se produjo el encuentro entre la formación original de los Congos y Lee Perry, por mediación del sello francés Mediacom (detrás también de producciones recientes de artistas como Max Romeo, Israel Vibration o The Gladiators, entre otros), dando lugar al disco *Back in the Black Ark*, que a pesar de su nombre no fue grabado en el estudio de Perry, sino en el que Myton posee en Portmore.

Count Ossie
Erudición enraizada en África

Imbuido en el rastafarismo desde la infancia, Ossie, nacido en 1926 en Saint Thomas Parish (Jamaica) como Oswald Williams, inició su carrera musical de manera sólida a finales de la década de los años cincuenta, cuando formó el Count Ossie Group, que interpretaban el nyabinghi, un estilo percutido que se inspiraba en las tradiciones sonoras africanas, logrando sus primeros éxitos al incorporarse en 1959 a un espectáculo organizado por la bailarina Marguerita Mahfood en el teatro Ward y a la que siguieron otras actuaciones en el teatro Carib.

La primera grabación de Ossie fue un single que contenía la pieza fundamental "Oh Carolina", intepretada por los Folks Brothers y producida por Prince Buster (décadas después, en 1993, el tema sería un éxito internacional versioneado por Shaggy). La aportación en la percusión de Ossie en "Oh Carolina" siempre se ha considerado como definitiva, hasta el extremo de entenderse como uno de los orígenes del posterior ska.

Después, Count Ossie colaboraría con productores como Harry Mudie y 'Coxsone' Dodd, formando en los años sesenta el grupo The Mystic Revelation of Rastafari, con los que en aquella década grabaría varios singles, de los cuales logró cierto éxito "Pata pata", versión publicada en 1967 del tema originalmente grabado aquel mismo año por la también desaparecida vocalista sudafricana Miriam Makeba.

La discografía de long plays de Count Ossie abarca tan solo dos únicos títulos, *Grounation* (1973) y *Tales of Mozambiqu0e* (1975), brillantes y prometedores, aunque lamentablemente sin la deseada continuidad, puesto que Ossie moriría en un accidente de circulación el 18 de octubre de 1976. No obstante, los Mystic Revelation continuarían girando hasta los años noventa.

Culture

Testigos de la tradición reggae

Aparecidos en la década de los setenta, Culture es una de las pocas formaciones jamaicanas que ha logrado el éxito en Estados Unidos y, por defecto, en el resto del mundo, gracias a que en 1977 publicaron Two Sevens Clash, considerado por la revista Rolling Stone como uno de los mejores cincuenta discos de reggae de la historia.

Culture basan su trayectoria en sus interpretaciones vocales, así como en las convicciones rastafaris que reflejan en las letras de sus canciones. En una crítica sobre ellos, *The New York Times* los definía como *"el máximo exponente del reggae concienciado"*.

La pieza clave de Culture fue Joseph Hill, conocido como El Guardián de la Puerta de Zión (St. Catherine, 22 de enero de 1949 - Berlín, 19 de

agosto de 2006), relacionado con la música desde 1972, cuando publicó el single "Behold the land". Cuatro años después, él y su primo Albert Walker formarían Culture y al año siguiente aparecería el citado *Two Sevens Clash*.

Tras este disco y durante la segunda mitad de los años setenta, el grupo lanzaría otros álbumes igual de imprescindibles, como *Harder Than The Rest* (1978), *Baldhead Bridge* (1978), *International Herb* (1979) y *Cumbolo* (1979), para luego entrar en un largo período de relajación artística, del cual, no obstante, se pueden destacar títulos como *Good Things* (1989) o *World Peace* (2003).

El caso de Culture resulta paradójico, puesto que tras la muerte de Joseph Hill, tras haber ofrecido un concierto en Berlín, pasó a ocupar su puesto su hijo Kenyatta, quien sorprendió por poseer un registro vocal similar al de su progenitor. Musicalmente, e influido por el dancehall, Kenyatta continuaría componiendo música para los Culture acompañado en primera instancia por nombres tan relevantes de la escena jamaicana de reggae como Sly Dunbar y Dean Fraser. Posteriormente, Kenyatta/Culture actuarían en distintos festivales, además de llevar a cabo una gira por Estados Unidos entre 2009 y 2010, la cual daría lugar al álbum *Live On* (2011), en el que se recogen nuevas y refrescantes revisiones de las composiciones clásicas de Culture.

D

Desmond Dekker

Una gran y reivindicable estrella en declive

Nacido en St. Andrew el 16 de julio de 1941 como Desmond Adolphus Dacres, Desmond Dekker fue uno de los primeros artistas de su país en conseguir el éxito internacional, en su caso cuando contaba con el respaldo de los

Aces y gracias a la canción "Israelites", número 1 en Gran Bretaña, aunque con una discreta entrada en el Top 200 estadounidense.

Sus inicios musicales se remontan a 1961, cuando tras ser rechazado por 'Coxsone' Dodd y 'Duke' Reid, sería Leslie Kong quien decidió tutelar su carrera. Dos años después, antes de adoptar 'Dekker' como su apellido artístico, se daría a conocer con singles como "Honour your father and mother", "Sinners come home" o "Labour for learning", aunque sería "King of ska" el que le daría la popularidad definitiva en Jamaica.

Ya junto a los Aces llegaría el turno de hits como "Parents", "Get up Edina", "This woman" y "Mount Zion", al tiempo que entre la comunidad de compatriotas emigrados comenzó a darse a conocer en Inglaterra. Es precisamente a esta época a la cual pertenece lo más granado de su discografía, álbumes tan representativos como *Action!* (1968), *This Is Desmond Dekker* (1969) y *You Can Get It If You Really Want* (1970).

Asentado definitivamente en Gran Bretaña, en los años setenta Dekker llevó a cabo numerosas giras, acompañado habitualmente por la Beverly's All Stars y colocando nuevas canciones en las listas de éxitos y de las que "Sing a little song", lanzada en 1975, fue la más popular de ellas.

Tras un eventual regreso a Jamaica, a principios de los años ochenta, y gracias al movimiento 2-Tone, Dekker ficharía por el sello Stiff, lanzó el álbum *Black & Dekker* (1980) y se rodeó de los Rumour, la banda que acompañaba a Graham Parker.

Tras declararse en bancarrota en 1984, Dekker volvería a apartarse de la escena musical hasta que en 1992 regresó al estudio de grabación acompañado por los británicos Specials, con los que grabó el discreto álbum *King of Kings*, que tendría continuidad en 1996, con *Moving On*, otra producción que no hacía justicia ni al talento ni al bagaje musical de Desmond Dekker, quien inesperadamente fallecería en su casa de Londres, el 25 de mayo del año 2006.

Junior Delgado
El rugido del reggae

El desaparecido cantante Junior Delgado (Oscar Hibbert, 25 de agosto 1958, Kingston - 11 de abril 2005, Londres), sobrino de Lennie Hibbert (el líder de la banda Alpha Boys School), comenzó en la música como miembro del grupo Time Unlimited a mediados de los años setenta, iniciando poco después su carrera en solitario bajo la producción de Lee Perry y el álbum *Taste of the Young Heart* (1978), en el que ya dejó de manifiesto su peculiar estilo vocal denominado 'raw moan' (gemido crudo).

El éxito del disco le llevaría a girar de inmediato por Gran Bretaña, asentándose en dicho país aunque de manera conflictiva, puesto que en 1985 publica a través de su propio sello, Incredible Jux, el disco *Bushmaster Revolution*, uno de sus trabajos de referencia y en cuyos textos se anticipa al

levantamiento social en los barrios del norte de Londres, posteriormente conocido como la revuelta de Broadwater Farm, y que tendrían su origen en la muerte de un joven de color a manos de la policía, en una época en la que la política de la primer ministro Margaret Tatcher parecía tener como objetivo destruir la clase trabajadora inglesa.

Posteriormente, Delgado continuaría publicando discos con regularidad, mereciendo destacarse títulos como

Raggamuffin Year (1987) o *Fearless* (1998). Lamentablemente, y tras consolidarse como un líder por su perfil social, Junior Delgado moriría súbitamente en su domicilio del sur de Londres, el 11 de abril de 2005, dejando para la posteridad un legado sonoro de pequeños clásicos como "Sons of slaves", "Love tickles like magic" o "Fort Augustus".

Chaka Demus & Pliers
Éxito por etapas

Este dúo, formado por el músico y DJ Chaka Demus (John Taylor, 16 de abril de 1963, Kingston) y el cantante Alicates (Everton Bonner, 4 de abril de 1963, Kingston), se hizo famoso por el tema "Tease me", su primer éxito comercial en Gran Bretaña, país en el que el tema alcanzó el número 3 en 1993, siendo éste uno de los seis que Demus y Alicates cosecharían en el citado país en tan solo dos años, junto a "Twist and shout" (número 1 en 1994), "She don't let nobody" (número 4), "I wanna be your man" (número 19) y "Gal wine" (número 20).

Antes de su alianza, ambos músicos habían desarrollado su propia actividad en solitario, Demus como DJ en el sound system Roots Majestic, siendo su debut discográfico el single "Increase your knowledge", producido por King Jammy, si bien su primer éxito sería "One scotch", en 1986, haciendo dúo con Admiral Bailey. Pliers, por su parte, había trabajado a las órdenes de productores como Winston Riley, King Tubby, Black Scorpio o 'Coxsone' Dodd, logrando cierta popularidad con los temas "Snake in the grass" y la versión "Bam bam", original de Toots & the Maytals.

Finalmente unidos desde 1990, la carrera de Chaka Demus & Pliers comprende dos etapas: la primera desde su unión en 1990 hasta 1997 y la segunda desde 2007 hasta la actualidad. Su regreso no pudo haber sido mejor, puesto que para la ocasión grabaron "Need your lovin'", canción que se coló en los primeros puestos de las listas jamaicanas. Este pequeño logro significó el preludio de la publicación del sencillo "Murder she wrote", que a finales de aquel mismo año interpretaron junto a Alicia Keys en la fiesta de los American Music Awards.

En esta segunda etapa, Chaka Demus & Pliers han participado en otros eventos importantes, como el festival anual de Detroit Caribe o los premios BET (que reconocen a las personas afroamericanas y de otras minorías étnicas que destacan en las artes y el deporte), además de haber colaborado con artistas de relieve como Beenie Man o Elephant Man.

Dillinger

En la recámara del reggae

Nacido como Lester Bullock el 25 de junio de 1953 en Kingston, Dillinger inició su trayectoria musical como miembro de los sound system El Paso, propiedad de Dennis Alcapone, y en el de Prince Jackie. Por aquel entonces, principios de los años setenta, Dillinger se daba a conocer como 'Dennis Alcapone Junior' y esgrimía un estilo influido por artistas como U-Roy o Big Youth.

No obstante, a raíz de su primera grabación contó con la producción del legendario Lee 'Scratch' Perry, quien lo rebautizó definitivamente como 'Dillinger', inspirándose en el famoso gangster norteamericano John Dillinger. A partir de ese momento, el Dillinger músico se sumaría a la segunda ola de toasters gracias a piezas como "Freshly", que en 1974 le produciría Yabby You; "Brace a boy", "CD 200" y "Killer man jaro", producidas éstas tres en 1975 por, respectivamente, Augustus Pablo, Joseph Hoo Kim y 'Coxsone' Dodd.

Precisamente Hoo Kim sería el responsable de los dos mejores discos de Dillinger, *CB 200* y *Bionic Dread*, ambos lanzados en 1977, además de "Cocaine in my brain", su primer gran éxito internacional que logró el número

1 en Holanda y décadas después recuperado por el videojuego *Grand Theft Auto: San Andreas*.

Reconocida su aportación musical en 1978 mediante el tema "(White man) In Hammersmith palais" de los Clash, Dillinger se alejaría de la vorágine del negocio musical a mediados de los años ochenta, aunque regresando a él de manera más relajada a comienzos de la siguiente década. Desde entonces y hasta la fecha ha publicado algunos discos a tener en cuenta, como *Horses & Hawgs* (1991), *Freedom Fighter* (2000) o el más reciente *Join the Queue* (2015).

Dr. Alimantado
Una fugacidad en el toasting

Winston James Thompson nació en Kingston en 1952, abrazando las creencias rastafaris de muy joven, al mismo tiempo que debutaba en los sound systems Downbeat, de 'Coxsone' Dodd, y Lord Tippertone bajo diferentes nombres artísticos, como Winston Price o Youth Winston.

Este prohombre indiscutible del toasting realizó sus primeras grabaciones bajo la producción de nada menos que Lee 'Scratch' Perry y Bunny Lee,

publicando diversos y poco distribuidos singles entre 1971 y 1976, como "Oil crisis" "Sons of thunder" y "Gimmie mi gun", los cuales le ayudaron a ganar cierto prestigio y encauzar su camino al éxito en la segunda mitad de la década, gracias al popular single "Born for a purpose", publicado en 1977 y que los británicos Pretenders, la banda liderada por la cantante Chrissie Hynde, versionearían para el recopilatorio *Tame Yourself* (1991), un álbum grabado por artistas como KD Lang, B-52's o Indigo Girls, entre otros, a beneficio de la organización ecológica PETA.

El clímax de la discografía de Dr. Alimentado llegaría en 1978, con el álbum *Best Dressed Chicken in Town*, que el paso del tiempo ha convertido en una de las producciones más sobresalientes del toasting.

A comienzos de los años ochenta, Dr. Alimentado entraría en contacto con Johnny Rotten, el cantante de Sex Pistols, enviado por Virgin Records a Jamaica en busca de nuevos talentos del reggae, ya que el género se había integrado en la cultura punk. De hecho, Virgin publicó en Gran Bretaña el también soberbio *Sons of Thunder* (1981), si bien desde mediados de aquella década Dr. Alimentado optaría por ceñirse al papel de productor.

The Dragonaires
El plan B de Byron Lee

Banda intrínsecamente asociada al talentoso Byron Lee y brillante e influyente combo de ska, mento, calypso y soca a lo largo de varias décadas. Formados a comienzos de los años cincuenta por el citado Byron Lee y Carl Brady, en 1956 los Dragonaires se habían labrado una reputación gracias a sus innumerable actuaciones en hoteles y demás eventos sociales, así como por haber acompañado a leyendas norteamericanas como Harry Belafonte, Sam Cooke, Fats Domino o Chuck Berry que visitaban ocasionalmente Jamaica.

Dados a realizar versiones de los éxitos del rhythm & blues del momento en clave de ska, el grupo finalmente lanzaría su primer single, "Dumplin's", en 1959, una novedad por aquel entonces al incluir el bajo eléctrico y el órgano, instrumentos poco habituales en la música jamaicana. Consolidados como pioneros del ska, los Dragonaires vivieron a comienzos de la década de los sesenta una etapa de éxitos gracias a temas como "Fireflies", "Joy

ride" o la versión del clásico "Over
the rainbow". De ahí que fuesen uno
de los artistas jamaicanos seleccionados para asistir a la Feria Mundial de
1964 celebrada en Nueva York, junto
a Jimmy Cliff, Prince Buster y Millie
Small. A aquella época corresponde su
éxito "Jamaica ska", que entró tímidamente en el Top 30 de Canadá.

Una vez que Byron adquiriese los
estudios WIRL que convertiría en los
famosos Dynamic Sounds Recording, los Dragonaires se convertirían en la
banda residente de éstos.

Habituales del festival Reggae Sunsplash (1978, 1979, 1982, 1984 y
1990), a partir de los años ochenta y hasta la fecha los Dragonaires se han
convertido en la principal referencia en activo del calypso y el soca, con una
discografía de decenas de discos excelencia de ambos estilos, actuando con
regularidad por los países caribeños y, más puntualmente, también por Estados Unidos. En la actualidad, los Dragonaires están formados por Neville
Hinds, Jumo Primo y Lima Calbio, cantantes; Hopeton Williams, trompeta; Joseph Graham, bajo; Errol Gayle, guitarra, y Oniel Walters, batería.

Mikey Dread

Un renacentista del reggae

El malogrado Mikey Dread (Michael George Campbell, 4 de junio de 1954,
Port Antonio, Jamaica - 15 de marzo de 2008, Connecticut, Estados Unidos), está considerado como uno de los artistas más inovadores del reggae,
iniciando su relación con la música en 1976, como ingeniero en la Jamaica
Broadcasting Corporation, emisora en la que pasaría a presentar un programa, *Dread At The Controls*, que rápidamente se hizo muy popular en
la isla. Pero las divergencias con los directivos de la JBC hizo que Dread
dejase el espacio y optase por dedicarse a la música, abriendo su discografía con dos discos de tan encomiable factura, *African Anthem* (reeditado en
1990) y *Dread at the Controls*, ambos publicados en 1979, que los británi-

cos Clash solicitaron sus servicios, lo que se tradujo en la producción del single "Bankrobber" y en buena parte del álbum *Sandinista!* (1980). Además, Dread se uniría como artista invitado a los Clash en la gira que el cuarteto llevaría a cabo por Europa y Estados Unidos.

Poco después, Dread repetiría la experiencia con UB40, para los que mezclaría el tema "Red red wine" y con los que giraría por Europa, en una década, la de los ochenta, a la cual también pertenecen otros dos de sus discos más completos, *World War III* (1980) y *Pave the Way* (1982).

En los años noventa, Dread mantendría su estatus de estrella del reggae, actuando junto a artistas como Freddie McGregor, Izzy Stradlin (exGuns n' Roses) o Carlos Santana; produciendo a otros, como Sugar Minott, Junior Murvin, Edi Fitzroy o Jah Grundy, y participando en diversos y numerosos proyectos para los medios de comunicación de ambos lados del Atlántico.

Con la llegada del nuevo siglo, Dread decidió retirarse a Miami y procurar recuperar los derechos de todas sus canciones, pero lamentablemente en el mes de marzo de 2008 fallecería a causa de un tumor cerebral.

E

Rupie Edwards

Pionero dub

Nacido como Rupert Lloyd Edwards el 4 de julio de 1945 en Saint Ann Parish, Rupie Edwards comenzó en la música a principios de los años sesenta, publicando el single "Guilty convict/Just because" (1962) bajo el nombre artístico de Rupert Edwards y con el acompañamiento musical del Smithie's Sextett y la producción de Simeon Smith.

Algún tiempo después, Edwards se
unría a Junior Menz, dando lugar a
los Ambassadors, que una vez incor-
porado Dobby Dobson pasaron a llamarse los Virtues, formación de una
trayectoria sencilla, limitada a la grabación de media docena de singles.

De ahí que en 1968, Edwards optase por fundar su propio sello discográfico, Success, con el que lanzaría
algunos singles propios, si bien se de-
cantaría por producir a otros artistas,
como Heptones, Bob Andy, Greogry Isaacs, Dennis Alcapone, Ethiopians,
Concords o Johnny Clarke, al que en 1973 produjo su primer gran éxito,
"Everyday wandering".

Edwards también daría vida a la The Rupie Edwards All Stars (de la que
formaron parte Tommy McCook –saxo-, Vin Gordon –trombón-, Carlton
Davis –batería-, Hux Brown –guitarra-, Gladstone Anderson –piano-, Clifton Jackson –bajo- y Winston Wright –teclado-), con los que grabaría y
publicaría varios cortes instrumentales y dub, aunque en 1974 y 1975 también conseguiría colarse en las listas de éxitos británicas con los temas "Ire
feelings", que fue Top 10, y "Leggo skanga", recogidos más tarde, en 1985,
en el álbum *Ire Feelings, Chapter and Version*.

Ya en 1977, Edwards se trasladaría a Gran Bretaña, donde continuaría
produciendo a artistas como Judge Dread o Gregory Isaacs.

Curiosamente, en los últimos años, Edwards ha cambiado el reggae por
la música de matices cristianos, además de centrar sus esfuerzos en la reedi-
ción de su cancionero.

Eek-A-Mouse
El pionero singjay

Ripton Joseph Hylton, nacido el 19 de noviembre de 1957 en Kingston, es
uno de los primeros artistas 'singjay', un estilo vocal que combina la interpretación y la función de deejay, que en el reggae corresponde al dancehall

y al toasting. Eek-A-Mouse comenzó su carrera cuando aún estaba en la escuela, publicando entonces dos singles influidos por la música de Pablo Moses. No sería hasta 1979 cuando, bajo la producción de Joe Gibbs, consiguiese su primer éxito, "Once a virgin", seguido de "Wa-do-dem", producido por Douglas Boothe, y "Modelling queen", producido por Linval Thompson, quien también supervisaría su álbum debut, Bubble Up Yu Hip (1980), con los Roots Radics como banda de acompañamiento.

Tras participar en 1981 en el festival Reggae Sunsplash, Mouse consiguió una nueva serie de hit-singles ("Wild like a tiger", "For hire and removal", "Do you remember" y "Ganja smuggling"), preámbulo del excelente disco Wa Do Dem (1982), que incluía el tema "Operation eradication", inspirado en el asesinato de su amigo el DJ y productor Errol Shorter.

Tras publicar otro ejemplar trabajo discográfico, *Mousekeeter* (1984), en 1985 Mouse logró captar el interés del mercado estadounidense gracias al irregular álbum *The Assassinator*, producido por Anthony y Ronald Welch. Su popularidad la mantendrían los siguientes trabajos, el encomiable *Eek-*

A-Nomics (1988) y el más discreto *U-Neek* (1991), que incluía una versión de "D'yer mak'er", que los británicos Led Zeppelin habían incluido en su álbum *Houses of the Holy*, de 1973.

La aproximación de Eek-A Mouse al rock continuaría con su colaboración en el álbum *Satellite* de los nu-metaleros estadounidenses P.O.D. e incluso al hip-hop, grabando en 2007 la pieza "Smoke it up" para Ditch.

Pero a finales de la primera década del siglo XXI, Eek-A Mouse iniciaría un largo período como forajido. Así, el 16 de agosto de 2008 Mouse sería arrestado en Jamaica por abuso sexual y posesión de drogas, huyendo a Estados Unidos, donde fue detenido y puesto en libertad condicional, la cual quebrantó huyendo de nuevo, en esta ocasión a Paraguay, donde fue capturado el 21 de noviembre de 2012. Al año siguiente, tras haber sido encarcelado a la espera de juicio, fue acusado de violación, secuestro y posesión de drogas, aunque fue puesto en libertad provisional, condición que ha mantenido a Mouse alejado de los estudios de grabación y del negocio musical.

Elephant Man
Ragga políticamente incorrecto

O'Neil Bryan, nacido el 11 de septiembre de 1975 en Seaview Gardens, Kingston, comenzó su carrera musical en los años noventa como miembro del cuarteto de dancehall Scare Dem Crew. No obstante, las fuertes personalidades de los miembros de esta formación les llevó a iniciar sus propias carreras musicales de manera casi inmediata tras la publicación de un único álbum, *Scared Fron the Crypt* (1999). De ahí que, Bryan/Elephant Man se estrenase en 2000 con el álbum *Comin' 4 You*, distribuido por el sello Greensleeves Records.

A partir de ese momento, Elephant se granjearía el favor del público por

su enérgica puesta en escena, lo que le ha llevado a ganarse el alias de 'Energy God', además de orientar su carrera hacia el terreno comercial. Por ejemplo, en 2004 la empresa de efectos deportivos Puma utilizó su canción "All out" en su campaña promocional organizada con motivo de los Juegos Olímpicos de Atenas.

Artísticamente, Elephant Man también ha conseguido hits de alcance internacional, como fue el caso en 2006 del tema "Willie Bounce"; "Five-O", que un año después interpretó a dúo junto a Wyclef Jean, o "La danza gully creepee", que el corredor Usain Bolt popularizó en los Juegos Olímpicos de 2008 de Pekín tras ganar la Medalla de Oro de los 200 metros.

En cuanto a su paso por las listas de éxitos, Bryan/Elephant se ha colado en las de Estados Unidos de manera asidua a lo largo de la primera década del siglo XXI, con álbumes como *Log On* (2001), *Good 2 Go* (2004) o *Let's Get Physical* (2008), los tres clasificados en el Top 10 estadounidense de música reggae, mientras que en el de hip-hop ha colado temas como "Pon de river, pon de bank", "Jook gal (wine wine)" o "Nuh linga".

No obstante, Elephant Man también ha sido criticado, con fundamento, por el contenido de las letras de algunas de sus canciones, caso de "We nuh like gay" o "Log on", en las que desprecia la homosexualidad.

G

Eddy Grant

Antes del reggae

Eddy Grant (Edmond Montahue Grant, 5 de marzo de 1948, Plaisance, Guyana) llegó a Londres a los doce años y cinco años después formaba parte de The Equals, una banda de pop que en 1966 despuntó por el single "Baby, come back", escrita por el propio Grant, y que tras reeditarse en 1968 subiría al primer puesto de las listas de éxitos británicas.

Tras algunos singles también de éxito, como el Top 10 "Black skinned blue eyed boys", en 1971 Grant sufrió un ataque al corazón que le obligó a abandonar el grupo, vicisitud que aprovechó para fundar la discográfica

The Coach House, con la que se dedicó a producir a otros artistas hasta que en 1977 publicó su primer disco en solitario, *Message Man*, basado en los ritmos del calypso.

De su segundo y meritorio álbum, *Walking on Sunshine*, tendría éxito el sencillo "Living on the frontline". Más tarde, en 1981, entraría en el Top 40 británico gracias a los temas "Can't get enough of you" y "Do you fell my love", obteniendo aún más repercusión su siguiente álbum, el recomendable *Killer on the Rampage* (1982), Top 10 en Inglaterra y Estados Unidos y del cual sería número 1 el single "I don't wanna dance" y número 2 "Electric avenue". Este impulso a su carrera le llevó a trasladarse a las islas Barbados, donde fundó el sello Blue Wave. Pero su mayor logro aún estaba por llegar y se produjo en 1990 con la canción "Gimme hope Jo'anna", perteneciente a su álbum *Barefoot Soldier*, un himno antiapartheid Top 10 en medio mundo.

A partir de los años noventa Grant optó por la producción y en 1994 se propuso dar a conocer un nuevo estilo musical y filosófico, el 'ringbang', del que llegó a celebrar todo un festival en 2000 en Trinidad y Tobago y con la llegada del nuevo milenio lanzaría dos álbumes: *Hearts & Diamonds* (2001) y el interesante *Reparation* (2006). A este subestilo se han apuntado artistas como Grynner, Square One o Viking Tundah, pertenecientes al sello de Grant, Ice Records.

Marcia Griffiths
La emperatriz del reggae

Nacida el 23 de noviembre de 1949 en Kingston, Marcia Griffiths es una de las grandes damas del reggae, con una carrera musical que comenzó en 1964, tras ser descubierta en un concurso de nuevos talentos celebrado en el teatro Carib de Kingston. De inmediato, a Marcia le llegaría la oportunidad de acompañar a Byron Lee & los Dragonaires, así como el poder trabajar en el Studio One de 'Coxsone' Dodd.

Su momento como artista en solitario le llegaría a partir de mediados de los años setenta, al publicar sus tres primeros elepés, *Play Me Sweet and Nice* (1974), *Naturally* (1978) y *Steppin'* (1979), trabajos que concidirán con su pertenencia a las I-Threes, trío vocal que acompañó a Bob Marley entre 1974 y 1981.

A partir de los años ochenta, la discografía de Marcia ha resultado escasa, aunque ha discurrido en paralelo a su actividad sobre los escenarios, dándonos la oportunidad de disfrutar de grabaciones como *Carousel* (1989), al que pertenece el single "Electric boogie", Top 50 en Estados Unidos, o *Shining Time* (2005), que la llevó a ofrecer una serie de conciertos por Estados Unidos (compartiendo escenarios con Beres Hammond, Freddie McGregor, Buju Banton, Patti LaBelle y Gladys Knight), Inglaterra (en éste caso también acompañada por Beres, además de ofrecer tres antológicos conciertos en el Wembley Arena de Londres junto a John Holt, Mikey Spice, Ken Booth y la Royal Philarmonic Orchestra) y Europa, junto a los Wailers.

Más reciente es *Marcia Griffiths and Friends*, un voluminoso doble CD publicado en el mes de octubre de 2012 y número 9 en la lista de álbumes reggae de la revista *Billboard*, en el que se ven reunidos casi una cuarenta de composiciones que Marcia interpreta junto a una pléyade de estrellas clásicas y recientes, como Buju Banton, Busy Signal, Gentleman, Gregory Isaacs, Queen Ifrica o Peetah Morgan, entre otros muchos.

Beres Hammond

El señor del lovers rock

Nacido como Hugh Beresford Hammond el 28 de agosto de 1955 en Saint Mary, Beres Hammond es uno de los vocalistas más notables jamaicanos, cuya orientación deriva hacia los ritmos lentos.

Bajo la influencia de cantantes norteamericanos como Sam Cooke y Otis Redding y del jamaicano Alton Ellis, Hammond, comparado con Joe Cocker por su interpretación sentimental, se inició en la música participando en concursos locales de nuevos talentos, logrando grabar su primer single, "Wanderer", en 1972. Tres años después, se uniría a Zap Pow, y con éstos lograría el éxito en 1976 con el tema "System". No obstante, aquel mismo año Hammond decidió emprender su propia carrera en solitario con el notable álbum *Soul Reggae*, al cual pertenece el single "One step ahead". Ya en 1978, "I'm in love", producido por Joe Gibbs, le valió otro éxito en Jamaica y su decisión definitiva de dejar a Zap Pow.

Como artista solista, y tras fundar en 1985 su propia compañía, Harmony Records, la discografía de Hammond alcanzaría notoriedad a partir de los años noventa, con posterioridad a su traslado a Estados Unidos en 1987. En esos años publicó títulos tan recomendados como *Beres Hammond* (1992), *Full Attention* (1993), *Love From a Distance* (1996, número 5 en Estados Unidos), *Putting Up Resistence* (1996), éste grabado en Jamaica, y *A Day in the Life* (1998, número 7 en Estados Unidos), así como un buen número de de singles de éxito, como "Putting up resistance", "Strange", "Tempted to touch", "Is this a sign", "Respect to you baby", "Fire", composiciones todas ellas que lo confirmaron como uno de los más representativos artistas del denominado lovers rock.

Con llegada del nuevo siglo, Hammond ha mantenido una actividad constante e irrefrenable, como lo confirma la publicación en 2013 de *One Love, One Life*, número 1 en las listas de música reggae estadounidenses, cumplimentada con colaboraciones con artistas de las nuevas generaciones como Wycleaf Jean, Buju Banton o Big Youth.

Derrick Harriott

Reputación a ritmo de rocksteady

Derrick Harriott (Derrick Clinton Harriott, 6 de febrero de 1939, Kingston) es un artista esencial en el devenir de la música reggae, si bien con una repercusión limitada a los confines de Jamaica, en los que, además de su carrera como cantante, se ha labrado una considerable reputación como productor musical, faceta que le ha llevado a trabajar para nombres tan relevantes como Big Youth, Dennis Brown, The Ethiopians o Sly & the Revolutionaries, entre otros muchos.

Su trayectoria como vocalista comenzó durante su etapa escolar, haciendo entonces dúo con Claude Sang. Después, Harriott formaría los Jirving Juniors, que a comienzos de los años sesenta publicaron dos singles de éxi-

to, "Over the river", producido por 'Coxsone' Dodd, y "Lollipop girl", con producción de 'Duke' Reid. Pero en 1962, tras fundar su propio sello, Crystal, Harriott inició su carrera como solista, logrando, a lo largo del resto de aquella década relevancia en su país gracias a canciones como "I care", "What can I do", "The jerk", "I'm only human", "The looser" y "Solomon".

Con la llegada de los años setenta, Harriott, continuó publicando canciones de éxito, como "Message from a black man" en 1970, pero también se ganó un nombre como productor, gracias a álbumes como *Schooldays*, de Scotty, o *Super Reggae and Soul Hits*, de Dennis Brown, títulos que le valieron el que en 1971 la revista *Swing* lo considerase el mejor productor de 1970.

Fue también uno de los primeros productores de dub, trabajando en el álbum *Scrub a Dub* (1974), de los Crystalites.

Ya en los años ochenta, Harriott se mantendría en las listas mediante las versiones "Checking out", en 1984, y "Skin to skin", en 1985, además de conseguir un nuevo gran éxito en 1988 con el tema "Starting all over", que interpretó junto a Yellowman. Que Harriot sigue siendo una de las figuras clásicas de la música jamaicana lo demuestra el que en 2015 volviese a captar el interés de los aficionados con el lanzamiento del single "Let it whip"/"Juicy fruit", grabado junto a la cantante Christine Lewin.

The Heptones

Clásicos de ensueño del pre-roots reggae

Trío fundamental durante la transición del rocksteady al reggae, cuya formación se remonta a 1965, con Leroy Sibbles, Barry Llewellyn y Earl Morgan.

The Heptones se caracterizaron por sus armonías vocales y los ritmos contagiosos de sus canciones, que versaban sobre amores rotos y amantes desconsolados, aunque el trío solía presentar las historias con humor y referencias sociales, aspecto éste último en el que fueron incidiendo con el paso del tiempo.

Su primer disco, el sobresaliente *On Top* (1970), se muestra como un eslabón que engarza el pasado de la música jamaicana con el reggae, además de ser el preámbulo de su introducción musical en la cultura rastafari.

Dos años más tarde vería la luz el primer volumen de *Heptones & Friends*, que junto al siguiente, *Heptones & Friends, Vol. 2* (1975), reunían temas nuevos y versiones. También a esa época corresponde el sencillo "Fattie fattie (I need a fat girl)", censurado por las emisoras jamaicanas.

La discografía de los Heptones es extensa y llega a la actualidad, aunque de ella merecen la pena destacarse títulos como *Party Time* (1977), producido por Lee 'Scratch' Perry y en el que se incluye una versión de "I shall be released", de Bob Dylan; *In Love With You* (1978), que se cierra con el clásico de Mark James "Suspicious minds", el cual asimismo abriría otro disco ejemplar del trío, *Better Days* (1981) y que también contendría piezas exquisitas como "Mr. Do overman song" o "Jah bless the children". Finalmente, apuntar la excelencia de *Pressure* (1995), grabado con el apoyo de músicos como Sly & Robbie, Earl 'Chinna' Smith o Errol 'Flabba' Holt y que contiene versiones de clásicos como "Rastaman live up", de Bob Marley, y "Marcus Garvey", de Burning Spear.

John Holt

El otro gran referente del lovers rock

Con tan solo doce años, John Holt (Winston Holt el 11 de julio de 1947, Kingston – 19 de octubre de 2014, Londres) ya era uno de los habituales en los certámenes y concursos de nuevos talentos de Jamaica y a los dieciséis grabó su primer single, "Forever I'll stay"/"I cried a tear", producido por nada menos que Leslie Kong. No obstante, un par de años después, y ante la incipiente moda proveniente de Estados Unidos de formaciones vocales, Holt se unió a Bob Andy, Garth Evans y Junior Menz para formar los Binders, que tras la substitución de Menz por Howard Barrett adoptaron el nombre definitivo de los Paragons, tótem del ska y el rocksteady entre 1966 y 1968, gracias a una serie de éxitos producidos tanto por 'Coxsone' Dodd como por 'Duke' Reid, que incluían "Ali Baba", "I see your face" o el clásico "The tide is high".

Pero las paulatinas marchas de Andy, Barrett y Evans entre 1969 y 1970 conllevaron la disolución final

del cuarteto; Holt iniciaría así su carrera en solitario, requiriendo para ello el valerse de algunos de los mejores productores jamaicanos del momento, como Prince Buster, Alvin Ranglin, Phil Pratt, además de repetir con Dodd y Reid, consiguiendo de esta manera su primeros éxitos como solista en su isla nata, gracias a piezas como "Stick by me", publicada en 1972, y a grandes discos como *Time Is The Master* (1973).

No obstante, su mejor disco de esa década es *1.000 Volts of Holt*, publicado en 1974 y producido por Tony Ashfield, que entró en el Top 10 británico y del que se extraería como single la versión "Help me make it through the night", original del norteamericano Kris Kristofferson, número 6 en Inglaterra.

No obstante, cualitativamente, el que está considerado como el mejor título de su discografía llegaría en 1983, *Police in Helicopter*, una respuesta a las creencias rastafaris de Holt y testimonio personal de la situación política y social del momento en Jamaica.

A partir de los años noventa, Holt se vio consolidado como uno de los nombres más importantes que ha dado la música de su país, actuando en numerosas ocasiones en el festival Sunsplash o bien haciéndolo con el respaldo de nada menos que la Royal Philharmonic Concert Orchestra (actuación recogida en el álbum de directo *John Holt in Symphony* -2001-). Incansable e inspirado, Holt actuaría casi hasta el último momento de su vida, participando ya enfermo, padecía cáncer de colón, en el festival One Love, celebrado a mediados del mes de agosto de 2014, dos meses antes de su muerte.

I-Roy

La indeleble huella de un pionero

El desaparecido I-Roy (Roy Samuel Reid, 28 de junio de 1944, Saint Thomas - 27 de noviembre de 1999, Saint Thomas) está considerado como uno de los primeros deejays, a la vez que, y en consecuencia, precursor del hip-hop por su técnica como toaster.

I-Roy comenzó su carrera en 1961, en la época en que los sounds systems empezaban a vivir sus mejores momentos y en la que su trabajo evidencia una clara influencia de Dennis Alcapone. En aquellos años, I-Roy trabajó con los productores más representativos, como Gussie Clarke, Lee Perry o Bunny Lee, hasta que a comienzos de los años setenta debutó por su propia cuenta, primero en 1972 con el single de éxito en Jamaica "Sidewalk killer", versión del tema original de Tommy McCook "Sidewalk doctor" y produ-
cido por Ruddy Redwood, y después en 1973 con el álbum *Gussie Presenting I-Roy*, clásico del toasting al que en aquella misma década seguirían otros trabajos igual de impecables, como *Musical Shark Attack* (1976), *Crisis Time* (1976), *Ten Commandments* (1978) o *The Godfather* (1979).

Precisamente estos cuatro títulos aparecieron publicados a través del sello Virgin Records, en aquellos días interesado en dar a conocer el talento musical de la isla al resto del mundo.

Lamentablemente, el cambio de década y la llegada del dancehall no le hicieron justicia a I-Roy, que inmerecidamente quedó en el olvido y en una situación deplorable tanto en términos económicos como de salud, falleciendo en 1999.

Inner Circle

Los chicos (no tan) malos del reggae

Formados en 1968 por los hermanos Ian y Roger Lewis, Inner Circle son un ejemplo de formación que combina sus raíces reggae con otros estilos musicales, como el pop o el rhythm & blues, con el objetivo de dar un mayor alcance comercial a su música. Asentados en el mercado estadounidense, la trayectoria discográfica de esta formación se remonta a 1974, año en el que publicaron *Rock the Boat*, que junto a los siguientes *Blame it on the Sun*

(1975) y *Reggae Thing* (1976), conforman la trilogía sonora de su estilo más clásico.

Tras fichar por el sello Island Records, en 1979 conseguirían colarse en el Top 20 británico gracias al álbum *Everything Is Great*, pero la muerte de Jacob Miller en accidente automovilístico en marzo de 1980 conllevó un cambio de rumbo musical, que en 1986 llevará a los hermanos Lewis a replantearse su carrera y a tener como objetivo Estados Unidos.

En 1989 grabarían la canción "Bad boys", tema principal de la popular serie de televisión *Cops* y que daría título al álbum homónimo que entraría en el Top 40 de las listas rhythm and blues de Estados Unidos, además de reaparecer paulatinamente en los rankings durante las siguientes dos décadas.

La popularidad que alcanzó la canción ayudaría a que en 1992 Inner Circle obtuviesen otro éxito con "Sweat (a la la la la la long)", Top 20 en Estados Unidos, y que hasta finales de aquella misma década lanzasen otros dos discos de lucrativos resultados, *Reggae Dancer* (1994) y *Speak My Language* (1998), ambos Top 10.

No obstante, con el paso del tiempo el estilo del grupo ha ido cayendo en patrones menos inspirados, lo que les llevó a grabar el tema "Fly away", un reggaetón destinado al disco *Caribbean Connection* (2008), una poco relevante recopilación de temas de reggaetón y dancehall que también incluía canciones de artistas como Bounty Killer, Elephant Man o Sizzla, entre otros.

Israel Vibration

Vibraciones clásicas en el presente

A pesar de las adversidades de la vida, a las cuales tuvieron que enfrentarse desde muy jóvenes (a la pobreza en su caso tuvieron que añadirle padecer poliomelitis), Israel Vibration, o lo que es lo mismo, Cecil Spence, Albert Craig y Lascelle Bulgin, lograron convertirse en los años setenta en una de las referencias más sólidas del roots reggae.

Caracterizados por unas virtuosas armonías vocales y después impregnarse de la cultura y espiritualidad rastafari, Israel Vibration despertaron con su talento el interés de artistas de la talla de Bob Marley o Dennis Brown, hasta que en 1978 les llegó la oportunidad de grabar su primer disco, *The Same Song*, en el que se recogen cortes tan emblemáticos como "Weep and mourn" o "Ball of fire". Dos años después llegaría otro de sus títulos indispensables, *Unconquered People*, que incluía el popular single "Crisis", además de dos cortes que se identificaron con la cultura rasta, "Mr. Taxman" y "We a de rasta".

Pero después de participar en el Reggae Sunsplash de 1982 y trasladarse a Nueva York, el trío permaneció alejado de los estudios de grabación hasta 1989, aunque la espera valió la pena, puesto que entonces presentaron otra obra maestra, *Strength of My Life*. A partir de ese momento sus discos

irían apareciendo de manera más regular y, por lo general, ampliando con exquisitez su repertorio, el cual fueron engrosando con álbumes de gran calibre, como *Forever* (1991), *Free to Move* (1996), *Pay the Piper* (1999), éstos dos Top 10 en las listas de música reggae de Estados Unidos, o *Power of the Trinity* (2000), con los que, aún adecuándose a los nuevos ritmos, han permanecido fieles a su sonido original.

Gregory Isaacs
El cantante más exquisito del reggae

Gregory Anthony Isaacs, nacido en Fletchers Land, Kingston, el 15 de julio de 1951, fue una de las voces más emblemáticas de la música jamaicana. Tras deambular por varios concursos de talentos, tan habituales en los años sesenta en la isla caribeña, fue en 1968 cuando Isaacs debutó discográficamente junto a Winston Sinclair mediante el single "Another heartache", producido por Byron Lee; pero el fallido alcance del tema llevó a Isaacs a formar parte del trío The Concords, hasta que en 1970 se decidió por seguir en solitario.

Sus cualidades vocales y su gusto por la melodía le llevarían a que en 1973 publicase el tema "My only lover", considerado como la primera grabación de lovers rock, a la que seguirían aquel mismo año otros temas de éxito, como "All I have is love" o la versión "Loving pauper". Pero sería en 1974 cuando gracias a la canción "Love is overdue" Isaacs conseguiría el número 1 en Jamaica y empezaría a ganarse una excelente reputación por discos como *Extra Classic* (1975), *Cool Ruler* (1978) y *Soon Forward* (1979).

El alcance internacional, especialmente en Estados Unidos y Gran Bretaña, le llegaría tras firmar a comienzos de los años ochenta con Island Records, obteniendo el favor del público y la prensa especializada gracias al álbum *Night Nurse* (1982), pináculo de su discografía y al que pertenece el

tema del mismo título, angular en el repertorio de Isaacs y que en 1997 versionearía la banda británica Simply Red y en 2005 la vocalista de Saint Mary
Lady Saw.

Lamentablemente, los trapicheos con las drogas llevaron a Isaacs a tener que cumplir en 1982 una condena de seis meses por posesión de armas
sin licencia, aunque durante el resto de los años ochenta permaneció en racha gracias a álbumes como *Private Beach Party* (1985), *Red Rose for Gregory*
(1988) y a singles como "Rumours", "Mind yu dis" o "Report to me", además de colaborar con artistas como Freddie McGregor, Ninjaman y Philip
Burrell.

Por desgracia, y aunque siempre se mantuvo en activo, con la publicación
de varios discos al año, finalmente el consumo de estupefacientes complicaron la salud de Isaacs, que fallecería el 25 de octubre de 2010.

The Itals

Reggae de supervivientes

Uno de los más excelsos conjuntos vocales jamaicanos, formado en 1975
por Alvin Porter, Lloyd Ricketts y Ronnie Davis, después de que cada uno
hubiese desarrollado sus respectivas carreras como solistas y de que, a finales de los años sesenta, hubiesen coincidido en los Westmorelites, que

apenas publicaron media decena de singles bajo la producción de Clement 'Coxsone' Dodd.

Quizás la repercusión de los Itals no haya sido tan indeleble como la de otras formaciones, caso de Mighty Diamonds o Culture, debido a que en sus primeros años se limitaron al lanzamiento de singles y mini-elepés, en lugar de centrarse en la producción de elepés.

A pesar de ello, hasta 1997, año en que Davis continuaría en solitario, The Itals conformaron una breve aunque muy sólida discografía que abrirían con el single "In a dis ya time", de trascendencia comercial en su país, y al que deben sumarse, por una misma calidad musical, álbumes como *Brutal Out Deh* (1982), *Give Me Power!* (1983) o *Rasta Philosophy* (1987) o ya en las postrimerías del siglo XX *Modern Age* (1998).

Las grabaciones de Itals también han obtenido reconocimiento a nivel internacional, llegando a ser nominados a los premios Grammy por el citado álbum *Rasta Philosophy* o por la entrada en el Top 20 de World Music de la revista *Billboard* de su álbum *Easy To Match*, publicado en 1991, el mismo año en que David Isaacs ocuparía el puesto de Ricketts, que ingresó en prisión.

En los últimos tiempos, los Itals se han mantenido en activo a instancias de Porter, acompañado por sus hijos Darien y Kada, quien además presentó en 2012 el álbum *Mind Over Matter*, una recopilación de veintidós de las primeras canciones de los Itals, y, ya en 2015, *Let's Get it On*, en el que reunía varios clásicos del reggae y el rhythm and blues.

King Tubby

Rey de reyes

Osbourne Ruddock (28 de enero de 1941, Kingston – 6 de febrero de 1989, Kingston), conocido en la historia del reggae como King Tubby, fue uno de los productores más influyentes del dub, estilo con el que hizo posible la certificación del talento en el proceso de postproducción en estudio, siendo por ello reconocido como uno de los creadores de la posterior técnica del remix, tan habitual en la música electrónica.

Su carrera musical dio comienzo en los años cincuenta, debido a que cada sound system quería diferenciarse por su estilo respecto a los otros. Un mismo tema, una misma canción, pero reproducida con el particular estilo del deejay de turno. En un principio, el propósito de King Tubby fue el de dar una mayor potencia a los amplificadores; después, creó su propio sound system, el Tubby's Hometown Hi-Fi, y, finalmente, en 1968 comenzó a vincularse a la producción de discos a las órdenes de 'Duke' Reid.

Fue entonces cuando Tubby realizó versiones instrumentales destinadas a las caras B de los singles, pero que en la práctica fueron aprovechadas por los DJ que practicaban el toasting. El paso siguiente fue reformar las bases del tema de una canción mediante las mezclas de pistas determinadas y añadiéndoles ciertos efectos, dando como resultado un producto por el cual se interesaron productores como Lee Perry, Bunny Lee o Augustus Pablo, lo cual se tradujo trabajar para artistas de primera fila.

De entre toda su vasta producción, sirvan como ejemplo de su habilidad y talento discos como *Shalom Dub* (1975), *Dub From the Roots* (1975), *King Tubby's Meets Rockers Uptown* (1976) o *Sly & Robbie Meets King Tubby* (1980), que conforman una muy sucinta lista extraída de la vastísima obra de King Tubby.

Linton Kwesi Johnson

El reggae en poesía

Linton Kwesi Johnson nació el 24 de agosto de 1952 en Chapelton, aunque a los once años se trasladó a Londres, donde llegaría a licenciarse en Sociología por el Goldsmith College. Ya por aquel entonces demostró sus con-

vicciones, integrándose en 1970 en una facción de los Panteras Negras, en defensa de los derechos de la comunidad de color. Como expresión de sus inquietudes, Kwesi comenzó a escribir poemas y algunos de los primeros aparecieron en el libro de 1974 *Voices of the Living and the Dead*, que cuatro años después se vería acompañado por una segunda obra, *Dread Beat An' Blood*, la cual daría lugar al elepé del mismo título y del que Dennis Bovell se encargó de la vertiente musical.

Posteriormente seguirían otros títulos, como *Forces of Victory* (1979), *Bass Culture* (1980), *Making History* (1984), estos tres publicados a través de Island Records, *Tings an' Times* (1991) y *More Time* (1998), distribuidos por el sello del propio Kwesi, no solo conforman sólidos alegatos del pensamiento ideológico de Kwesi, sino que además están considerados como referentes sonoros de la cultura jamaicana. De ahí que, Kwesi se convirtiese durante la segunda mitad de los años setenta en un referente cultural de la capital británica, propagando el rastafarismo y la música reggae a través de programas especializados de radio y televisión, aunque sin dejar de lado la lucha a pie de calle.

L

Lady Saw
La reina ragga

Nacida el 12 de julio de 1972 en Galina, Saint Mary, como Marion Hall, Lady Saw está considerada como 'la primera dama del dancehall'.

Su carrera musical comenzó a los 15 años, en el Stereo One System, inspirándose para su alias en el del también DJ jamaicano Tenor Saw. Para

sus primeros trabajos contó con el apoyo de los productores Piper y Olive Shaw, subiendo hasta los primeros puestos del ranking jamaicano gracias a los temas "If him lef" y "Good man". Por entonces su procacidad sobre el escenario le comportó que sus canciones fuesen censuradas en algunas zonas de la isla, decisión contra la que Lady Saw protestó escribiendo el tema "Freedom of speech". Después, volvería a triunfar con "Hardcore" y "Welding torch".

Diez años después, en 1994, Lady Saw se estrenaría con el álbum *Lover Girl*, consolidándose rápidamente en la industria musical gracias a un buen número de colaboraciones con otros artistas de relieve, como sería el caso de Beenie Man, Missy Elliott, Lil' Kim, Foxy Lady o Vitamin C. Precisamente con ésta última grabaría en 1999 el tema "Smile", Disco de Oro en Estados Unidos, país en el que, además alcanzaría el puesto 18 de la revista *Billboard*.

Tras el éxito del sencillo "Son of a bitch" en 2001, el reconocimiento formal de la industria discográfica le llegaría en 2003 al recibir el Grammy por la Mejor Interpretación Vocal Pop de un Dúo o Grupo, gracias a la canción "Underneath it all", que grabó junto a los populares en aquel momento No Doubt.

Tras fundar su propio sello, Divas Records, en 2010, Lady Saw colaboraría con la popular Nicki Minaj y dos años después anunciaría su retorno a los sonidos del dancehall, lo que vino a corroborar en 2014 el álbum *Alter Ego*, número 6 en las listas de éxitos reggae estadounidenses.

Byron Lee

Genio draconiano

Byron Aloysius Saint Elmo Lee (27 de junio de 1935, Manchester, Jamaica – 4 de noviembre del año 2008, Kingston), es uno de los productores más decisivos que ha dado el reggae, con una vasta e ineludible trayectoria musical.

Hijo de una afrojamaicana y de un profesor de origen chino, Byron aprendería piano a los ocho años en una escuela religiosa de Mandeville y a los quince conocería a Carl Brady, con el que formó los Dragonaires, grupo que interpretaría mento hasta que, según los dictámines de la moda, irían adaptando su repertorio al ska. Por entonces, finales de los años cincuenta, Byron sería el primer músico que incorporaría el bajo electríco a la música jamaicana.

Además, con la llegada del ska Byron inició su singladura como productor, haciéndolo para los Maytals, además de ejercer de encargado de distribución en Jamaica del sello estadounidense Atlantic Records. Adquirió, asimismo, los antiguos estudios West Indies Records Limited, que rebautizó como Dynamic Sounds, excelentemente equipados y uno de los principales puntos neurálgicos en el devenir de la música jamaicana. En ellos, Byron produciría infinidad de temas para artistas como Blues Busters, Good Guys, Mighty Sparrow, Vic Taylor, John Holt, Barry Bigs, Boris Gardiner y un largo etcétera.

A título individual, Byron también conseguiría relieve en las listas de éxitos, incluso en las de Estados Unidos, en las que en 1996 situaría su álbum *Soca Engine* en el número 5 de World Music y también, aunque ya postumamente, sus álbumes *Soca Royal* (2008) y *Uptown Top Ranking* (2015) en la lista de música reggae.

Barrington Levy
Leyenda en activo

Nacido el 30 de abril de 1964 en Clarendon como Barrington Ainsworth Levy, Barrington Levy es uno de los principales referentes del dancehall, a su vez influido por Dennis Brown y el rhythm & blues estadounidense. Como era costumbre, Levy empezó en la música actuando en sound systems y como miebro de los Mighty Multitude, un grupo formado junto a su primo Everton Dacres y que debutaría con el single "My black girl".

Sería el productor Henry 'Junjo' Lawes quien le daría a Levy la oportunidad de formalizar su carrera en solitario, con el acompañamiento de los Roots Radics y las mezclas de Scientist, todos ellos decisivos en su consolidación como pionero del dancehall a comienzos de los años ochenta, lo que se vería justificado mediante canciones como "A yah we deh", "Shine eye gal" o "Moonlight lover", "Sister Carol", "Look youthman", "Eventide fire a disaster" o "Under me sensi" (ésta última hit que en 1984 permanecería tres meses en lo más alto de las listas de éxitos jamaicanas), así como discos cardinales en su trayectoria como *Englishman* (1979), *Robin Hood* (1980), *Bounty Hunter* (1982) y *Teach Me Culture* (1983).

Todas estas producciones significaron su particular preludio a la conquista del mercado británico, que acometería en 1984 con el tema "Here I come", en el que colaboraba el productor Jah Screw, quien también lo haría en los siguientes éxitos de Levy "My time" y "Too experience".

Las colaboraciones serían una de las constantes de Levy a lo largo de la década de los años noventa, época a la que pertenece otro gran disco, *Barrington* (1993), compartiendo singles con Beenie Man ("Two sounds" y "Under mi sensi") y Mega Banton ("She´s mine"), método de trabajo que le llevaría en 1995 al álbum precisamente titulado *Duets*, del que se extraería el tema "Living dangerously", interpretada junto a Bounty Killer.

Que la discografía de Barrington Levy se mantiene viva entre las nuevas generaciones lo demuestra el gran éxito de algunos de sus últimos discos, caso de *Teach The Youth, 1980-1985* (2008) y *AcousticaLevy* (2015), ambos Top 10 en la lista de álbumes reggae de la revista *Billboard*, así como también sus actuaciones en 2015 por Estados Unidos y en algunos festivales europeos, como el Festipop francés, el Roskilde danés o el Rototom Sunsplash español.

Lord Kitchener

El gran maestro del calypso

Nacido como Aldwyn Roberts en Arima, población de la isla de Trinidad y Tobago, el 18 de abril de 1922, Lord Kitchener fue uno de los difusores más conocidos del calypso.

Su carrera como músico profesional comenzaría tras ganar durante cuatro años consecutivos, de 1938 a 1942, el concurso de calypso de su ciudad

natal, logro que le impulsó a grabar su primer tema, "Green fig".

Tras darse a conocer definitivamente como 'Lord Kitchener' en 1945, entre 1947 y 1948 actuaría con regularidad en Jamaica, aunque aquel último año fue uno de los jamaicanos que se embarcaron en el Empire Windbrush rumbo a Gran Bretaña, episodio que le inspiraría su clásico "London is the place for me". Precisamente en la capital del Támesis, Kitchener se convertiría en uno de los artistas preferidos de la comunidad caribeña, justo en el momento, los años cincuenta, en el que el calypso se daba a conocer en todo el mundo, consiguiendo su éxito particular con la canción "Cricket, lovely cricket", del cual fue autor de la letra.

No obstante, el rechazo de la sociedad inglesa de la época hacia la población emigrante caribeña, obligó a Kitchener a tener que actuar en pequeños pubs, aunque una providencial intervención en un programa de la BBC le permitiría subir en el escalafón del circuito de actuaciones y pasar a hacerlo en clubs.

Su consolidación artística le llegaría tras regresar a Trinidad a principios de los años sesenta, década a la que corresponde uno de sus mejores trabajos discográficos, el álbum '67 *Kitch* publicado en 1967 por RCA, convirtiéndose en uno de los reyes del calypso hasta mediados de la década siguiente, logrando entonces su mayor hit en 1978 con la canción "Sugar bum bum".

Descubridor de artistas noveles como Calypso Rose o Black Stalin, Lord Kitchener se retiraría en 1999, falleciendo un año después, el 11 de febrero en Puerto España, capital de Trinidad y Tobago, y dejando para la historia temas básicos del calypso como "Dr. Kitch", "Love in the cemetery", "Kitch you so sweet" o "My wife's nightie".

Luciano

El nuevo adalid

De nombre real Jepther McCly-mont (20 de octubre de 1964, Manchester, Jamaica), Luciano nació en el seno de una familia humilde y numerosa, es el séptimo de nueve hermanos, en la que se le inculcaron desde muy niño principios espirituales que le llevarían en su adolescencia a abrazar con devoción el rastafarismo.

Musicalmente, Luciano tomó como referentes a artistas jamaicanos, como Frankie Paul y

Dennis Brown, y norteamericanos, como Stevie Wonder, abarcando con su repertorio distintas variedades dentro de la música jamaicana que lo han llevado desde el roots reggae hasta el dancehall.

Su debut discográfico se produjo en 1992, año en el que publicó el single "Ebony and ivory", que precedería a su primer larga duración, *Moving Up* (1993), un notable trabajo que abriría su período más inspirado, el cual, a lo largo de los años noventa, comprendería el magistral *One Way Ticket* (1994), así como otros títulos imprescindibles como *Where There is Life* (1995), *Messenger* (1997) y *Sweep Over My Soul* (1999).

No obstante, la distribución de sus producciones en Estados Unidos le valdrían a comienzos del siglo XXI frecuentar las listas de éxitos en este país, entrando con asiduidad en el ranking Top 10 de álbumes reggae de la revista *Billboard* gracias a discos como *A New Day* (2001), *Serve Jah* (2003), o *Jah Is My Navigator* (2008).

Mad Professor

El discípulo británico de Lee Perry

Nacido en Georgetown, Guyana, en 1955 como Neil Fraser, Mad Professor es uno de los nombres más relevantes del dub, deudor de la obra del legendario Lee 'Scrtach' Perry.

Llegado a Gran Bretaña con su familia a los trece años, a comienzos de los años setenta comenzó a interesarse por la música, construyéndose, primero, su propia mesa de mezclas, abriendo, después, su estudio, Ariwa, en Thornton Heath, al sur de la capital del Támesis, y, finalmente, fundando su propio sello, para el que han grabado artistas como Deborahe Glasgow, Aquizim o Davina Stone.

Fue en 1982 cuando Mad Professor publica su primer disco, *Dub Me Crazy*, que abriría la serie de volúmenes que bajo el mismo título incluiría *Rhythm Collision* (1982), *Beyond the Realms of Dub* (1982), *The African Connection* (1983) y *Escape to the Asylum of Dub* (1983). Hasta 1993, esta colección

se iría ampliando con nuevos títulos, llegando al duodécimo, *Dub Maniacs on the Rampage*, prácticamente ignorado por la crítica musical.

Mientras tanto, Mad Professor produjo a Pato Banton, Sandra Cross, U-Roy, Bob Andy, Yabby You y Macka B, impregnando a sus respectivos trabajos de su inconfundible estilo, creativo y efectista, lo que le sirvió para que fuese reclamado por artistas de otros géneros distintos al reggae, caso de Sade, Beastie Boys, Massive Attack, Jamiroquai, Rancid o Depeche Mode.

Todo ello mientras el propio Professor procuraba lanzar discos de alta calidad, como *Dub Take the Voodoo Out of Reggae* (1996) o *Under the Spell of Dub* (1997), éste último cuarto trabajo perteneciente a otra de sus colecciones, *Black Liberation Dub*.

Con una inagotable actividad durante los primeros años del siglo XXI, en 2005 Mad Professor celebraría el 25 aniversario de su sello Ariwa con una gira por Gran Bretaña.

Bob Marley

El sumo pontífice del reggae

Robert Nesta Marley Booker (6 de febrero de 1945, Nine Mile, Saint Ann Parish, Jamaica - 21 de mayo de 1981, Miami, Estados Unidos), comenzó a interesarse por la música tras conocer a Bunny Wailer, ambos influidos por la música proveniente de Estados Unidos y por las enseñanzas de Joe Higgs, en cuyas clases conocieron a Peter Tosh.

En 1962, Marley participaría en una audición auspiciada por el productor Leslie Kong, quien le dio la oportunidad de grabar algunas de sus canciones, aunque al año siguiente, junto a Bunny y Peter, formó los Wailing Wailers, contactando con Clement 'Coxsone' Dodd para que les produjese su primer single, "Simmer down".

En 1966, tras pasar algunos meses en Estados Unidos y casarse con Rita, Bob se sumerge en el rastafarismo y da un nuevo impulso a su grupo con Wailer y Tosh, pasando a llamarse The Wailers y fundando el sello Wail'N'Soul, que quebrará tras unos pocos meses de actividad. No obstante, el trío comienza a trabajar con Lee Perry y algún tiempo después se les une la sección rítmica formada por los hermanos Aston y Carlton Barrett.

A mediados de 1972 los Wailers viajarán a Gran Bretaña para promocionar el single "Reggae on Broadway" y aprovechar la ocasión para reunirse con Chris Blackwell, que se ofrecerá a producir el álbum *Catch A Fire* y a organizarles la posterior gira por Reino Unido y Estados Unidos.

Entonces, Bunny abandonaría la banda, siendo reemplazado por Joe Higgs, y en 1973 el grupo publica su segundo álbum, *Burnin'*, un disco que incluía nuevas versiones de algunas de sus canciones más importantes, como "Duppy conqueror", "Small axe" y "Put it on", junto con nuevos cortes como "Get up, stand up" y la popular "I shot the sheriff", poco después versioneada con gran éxito por Eric Clapton.

Tras la marcha de Bunny y Peter, en 1975 aparece el disco *Natty Dread*, al que pertenece el clásico "No woman, no cry", seguido un año después de *Rastaman Vibrations*, que incluye el tema "War", cuya letra recoge parte del discurso de Haile Selassie en las Naciones Unidas.

Aquel mismo año, el 5 de diciembre de 1976, tras un atentado que casi le cuesta la vida, Marley opta por mudarse a Gran Bretaña, donde graba su álbum *Exodus*, del que se extraerían tres singles, "Waiting in vain", "Exodus" y "Jammin'", mientras que su siguiente trabajo, *Kaya*, sería número 4 en Inglaterra.

En abril de 1978, Marley regresaría a Jamaica para participar en el festival One Love Peace, consiguiendo que el Primer Ministro, Michael Manley, y el líder de la oposición, Edward Seaga, estrechasen sus manos frente al público asistente; un acto que pretendió simbolizar la reconciliación nacional y por el cual el músico recibió la Medalla de la Paz de las Naciones Unidas.

Tras visitar África, aparecería un segundo álbum en vivo, *Babylon By Bus* y después *Survival*, que incluía el tema "Zimbabwe", dedicado a Rodesia, país que una vez liberado se convertiría en Zimbabue y cuyo nuevo gobierno invitaría a Marley a actuar en el mes de abril de 1980.

Uprising, lanzado en el mes de mayo de aquel año, tuvo un éxito inmediato, en buena parte por el sencillo "Could you be loved?", y dio lugar a una extensa gira por Europa, que registró llenos de récord, como los cien mil espectadores asistentes a la actuación de Milán.

Pero tras aquellas fechas europeas, Marley voló a Estados Unidos, donde su estado de salud empeoró. El cáncer que se le había diagnosticado meses antes se había extendido por todo el cuerpo. La gira norteamericana fue cancelada y Marley ingresó en la clínica de Josef Issels, en Alemania. En abril de 1981 le fue otorgada la Orden del Mérito de Jamaica, como reconocimiento a su contribución a la cultura del país.

Tras ocho meses de convalecencia, Marley intentó regresar a Jamaica, aunque su estado terminal le obligó a ser ingresado de urgencia en el Cedars of Lebanon Hospital el 11 de mayo de 1981, falleciendo diez días después.

Tras su pérdida, su figura se mitificaría hasta niveles de leyenda y su obra sería constantemente reivindicada y elogiada tanto por el gran público como por profesionales de los distintos sectores relacionados con la música, si bien sin él, el reggae rebajaría su influencia en el negocio discográfico, huérfano de la gran figura que lo había impulsado en todo el mundo.

Damian Marley
Cachorro aventajado

Nacido como Damian Robert Nesta Marley, el 21 de julio de 1978 en Kingston, es uno de los músicos jamaicanos de más éxito en los últimos años, quizás en buena parte debido a un talento heredado de su padre, Bob Marley.

Damian comenzó su carrera musical con tan solo trece años y con el tiempo la ha llevado acabo dentro del raggamuffin, variante del dancehall, con un estilo personal con el que Damian muestra sus convicciones rastafaris.

Su primer álbum, *Mr. Marley*, apareció en 1996, y ya con el siguiente, *Halfway Tree* (2001), llamaría la atención de la industria musical al ganar el Grammy al Mejor Álbum de Reggae. Con su tercer trabajo, *Welcome to Jamrock* (2005), recibiría otros dos Grammys, el de Mejor Actuación Urbana/Alternativa y el de Mejor Álbum de Reggae.

Con su álbum *Distant Relatives* (2010), producido por el rapero de Brooklyn Nas, Damian evocaría sus orígenes africanos y, precisamente, el recuerdo a su pasado, en concreto al legado de su padre, fue lo que motivaría que junto a sus hermanos Ziggy, Julian, Stephen y Ky-Mani participase en 2004 en el Bob Marley Roots, Rock, Reggae Festival Tour, el cual discurrió por veintisiete ciudades de Estados Unidos.

Damian también ha colaborado con artistas populares, como Snoop Dogg, Gwen Stefani y Mariah Carey, además de codearse con iconos del rock como Mick Jagger, con el que en 2011 fundó el sello discográfico SuperHeavy, nombre que, asimismo, da título a su último álbum en estudio, publicado el 16 de septiembre de 2011.

Stephen Marley

El vástago en la sombra

Stephen Robert Nesta Marley (20 de abril de 1972, Wilmington, Estados Unidos), es otro de los hijos de Bob Marley que ha seguido con la tradición musical familiar desde el ámbito profesional. No obstante, y a diferencia de sus hermanos Damian y Ziggy, su labor ha sido menos llamativa.

De hecho, Stephen comenzó en el negocio musical en 1986, como miembro de los Melody Makers, la banda de acompañamiento de Ziggy, de la que también formaban parte sus hermanas Cedella y Sharon.

Con la disolución de la banda en 2000, Stephen se tomó un descanso, tan solo interrumpido con su participación en el festival itinerante Bob Marley Roots, Rock & Reggae de 2004 y para producir los álbumes de su hermano Damian. No obstante, en 2008 decidió publicar su primer disco, *Mind Control*, un excelento trabajo con el que ganaría el Grammy al Mejor Álbum de Reggae y grabación en la que colaboran Ben Harper, Maya Azucena y Mos Def.

Posteriormente, en 2011 lanzaría su segundo álbum, *Revelation (pt 1 The Root of Life)*, orientado al roots reggae y número 1 en la listas de reggae en Estados Unidos, aunque de menor calado artístico que su predecesor.

Ziggy Marley

El primogénito heredero

David Nesta Marley (17 de octubre de 1968, Kingston), es el hijo más conocido de Bob Marley y cuya andadura musical comenzó cinco años después del fallecimiento de su progenitor.

Precisamente, en su conjunto, la obra de Ziggy posee un nivel de notable manufactura, con un brillante disco de debut, *Hey World!* (1986), y que

con los años se ha ido ampliando hasta una quincena de títulos, algunos de los cuales han recibido críticas muy favorables tanto de la prensa especializada como del gran público, como es el caso de *Conscious Party* (1988), *Joy and Blues* (1993) y *Fallen is Babylon* (1997).

Así, Ziggy es, con mucho, el hijo del gran profeta del reggae que más éxito ha tenido y el que mejor se ha sabido mover en el negocio de la industria discográfica, siendo uno de los nombres habituales de las listas de éxitos de música reggae de Estados Unidos, en las que desde la segunda mitad de los años ochenta ha colocado diversos singles, de los que por su popularidad destacan "Tumblin' down", "Tomorrow people", "Look who's dancing" o "Everyone wants to be", así como álbumes que, además de los citados anteriormente habría que añadir otros publicados posteriormente, como *Spirit of Music* (1999), *Family Time* (2009), *Will and Free* (2011) o el más reciente *Fly Rasta* (2014).

Matisyahu
Una peculiar perspectiva

Matthew Paul Miller (30 de junio de 1979, West Chester, Estados Unidos), es uno de los pocos artistas no jamaicanos y blancos que practica un reggae en el que también confluyen otros estilos de música jamaicana y al que suma textos que denotan su linaje judío.

Tras empaparse de la música norteamericana, se considera seguidor de los legendarios Grateful Dead, y vivir su propia epifanía espiritual tras un viaje a Israel, Matisyahu se introdujo en el hip-hop, aunque optando por combinarlo con el reggae, en un momento de su vida en la que también halló tiempo para escribir una obra de teatro, *Echad* ('Uno' en hebreo) y abrazar el judaísmo.

De ahí que el cancionero de Matisyahu esté repleta de connotaciones de fe y espiritualidad, cuestiones de las que ya daba testimonio su primer álbum, *Shake Off the Dust... Arise* (2004), consolidándose progresivamente en el negocio musical con canciones como "King without crown" o "One day" y discos como *Light* (2009), *Spark Seeker* (2012) o los dos volúmenes de grabaciones en directo titulados *Live At Stubbs*, publicados en 2005 y 2012, y que se vieron complementados en 2015 por el EP del mismo título, el cual subiría al segundo puesto de la lista de discos reggae de la revista musical *Billboard*.

Freddie Mcgregor

La sólida carrera de un artista completo

Nacido el 27 de junio de 1956 en Clarendon, Freddie McGregor es otro de las leyendas vivas de la música reggae, con una reconocida y meritoria trayectoria como intérprte y productor, que arranca en 1963 cuando, de la mano de Clement 'Coxsone' Dodd, entra a formar parte, ¡con tan solo siete años!, junto a Fitzroy 'Ernest' Wilson y Peter Austin de los Clarendonians, trío que ayudaría a definir el período denominado como 'rude boy' del ska.

Una vez llegada la década de los años setenta, el trío se disuelve y durante unos años McGregor trabajaría como músico de sesión, batería, y corista en el Studio One para estrellas como Sugar Minott o Judy Mowatt, hasta que en 1980 debuta como solista con el álbum *Bobby Bobylon*, el primero de una serie de discos notables aparecidos a lo largo de los siguientes años y que incluyen joyas como *Big Ship* (1982), *Come On Over* (1984) o *Sings Jamaican*

Classics (1991), contando para ellos con algunos de los mejores productores jamaicanos, como 'Junjo' Lawes o Gussie Clarke.

A su vez, McGregor, tras crear en 1983 el sello Big Ship, estaría detrás de los lanzamientos de Papa San, Luciano o Mikey Spice, por citar unos pocos.

En los últimos años, McGregor ha mantenido su carrera bajo un ritmo envidiable, con álbumes francamente relevantes, tanto desde el punto de vista artístico (*Forever My Love* -1995-, *Anything for You* -2002-...), como comercial (*Di Captain* -2013-, número 8 en la lista de Álbumes Reggae de la revista *Billboard*), que no han hecho más que confirmarlo como una de las figuras clave en la historia del ska y del roots reggae.

Mighty Sparrow

El rey mundial del calypso

Nacido como Slinger Francisco el 9 de julio de 1935 en la isla de Grenada, Mighty Sparrow está considerado como uno de los principales referentes del calypso.

El ganador en ocho ocasiones del tradicional y legendario Carnaval de Road March de Trinidad y Tobago, creció precisamente en la capital de ésta isla, siendo su paso por el coro de la escuela católica Newton el que le valdría descubrir el calypso. Como era habitual entre algunos de los muchachos de su edad, a los catorce años, cuando era conocido por el apodo de 'Little Sparrow', formó su primera banda y a los dieciséis, ya como 'Mighty Sparrow', compaginaba su trabajo para el gobierno de la isla como controlador fronterizo con sus actuaciones en el club Lotus.

Finalmente, Sparrow grabaría "Missing baby (Ruby)"/"Race track", el primero de los cuatro singles que aparecerían con su nombre entre 1955 y 1956 y que le permitirían ganarse la condición de estrella local, así como facilitarle ganar por primera vez el Carnaval de Road March, gracias a los temas "Jen and Dinah" y "Yankees gone". Pero como la suma del premio del conurso era tan solo de cuarenta dólares, mientras que el de reina de la belleza ascendía a nada menos que siete mil quinientos, Sparrow decidió componer a modo de protesta "Carnival boycott" y amenazó además con poner en contra de la organización a todos los cantantes de la isla; de hecho, él mismo se negaría a participar en el concurso durante los tres años siguientes.

Establecido en Gran Bretaña, tras la publicación de su primer álbum, *Calypso Carnival 58* (1957), a mediados de 1959 Sparrow, por mediación de Harry Belafonte (valedor del calypso en Estados Unidos), firmaría con el sello RCA, interesado entonces en sumarse al interés internacional por el calypso. A su regreso a Trinidad, Sparrow fundaría su propio sello, National Recording, llegando a publicar una cuarentena de discos a lo largo de las siguientes dos décadas, de los que caben destacar  *Sparrow Meets the Dragon* (grabado en 1968 junto a Byron Lee y del que fue un moderado éxito internacional el tema "Only a fool breaks his own heart"), *Hot and Sweet* (1974) y *Only a Fool* (1978).

Durante los años ochenta Sparrow llevaría acabo su particular incursión en el soca, mientras que en los noventa llegó a actuar en la edición de 1993 del legendario festival Reggae Sunsplash. Si bien desde entonces su actividad ha disminuido con el paso del tiempo, con la llegada de nuevo siglo continuaría actuando por todo el mundo, a pesar de algunos y propios de la edad achaques de salud.

Sparrow ha recibido el reconocimiento de las nuevas generaciones de aficionados al reggae, de ahí que sus discos *Soca Anthology: Doctor Bird* (2011) y *Sparromania!* (2012) entrasen en el Top 10 de la lista de discos de música reggae de la revista *Billboard*.

Sugar Minott
El padre del ragga

El malogrado Sugar Minott (Lincoln Barrington Minott, 25 de mayo de 1956, Kingston – 10 de julio de 2010, Saint Andrew) fue una de las figuras fundamentales de la escena dancehall de los años ochenta.

Tras su paso por el sound system Sound of Silence Keystone, a finales de los años sesenta, con tan solo trece años, Minott formó el grupo African

Brothers junto a Derrick Howard y Tony Tuff, quienes en 1971 llegarían a grabar a las órdenes del productor 'Coxsone' Dodd, el sencillo "No cup no brook". Pero aquello que parecía una gran oportunidad apenas duraría unas semanas, justo hasta el momento en el que el trío decidió prescindir del productor en base un ílicito reparto de royalties, pasando a autoproducirse ellos mismos algunos pequeños éxitos, como "How long", "Youths of today" o "Lead us father".

A finales de los años setenta Minott se trasladaría a Gran Bretaña, iniciando entonces su propia carrera en solitario, que discográficamente se abrirá en 1980 con el álbum *Black Roots*, cruce sonoro entre el estilo Stax norteamericano y el reggae. A *Black Roots* le seguiría en 1981 *We Got a Good Thing Going*, que incluia la versión "Good thing going", original de Michael Jackson, que llevaría a Minott al número 4 de las listas británicas.

Éstos dos trabajos discográficos serían los primeros de una serie de discos publicados por Minott convertidos en referentes y en los que el roots reggae, el dancehall e incluso el lovers rock se van alternando. De ellos merecen su escucha joyas como *Ghetto-Ology + Dub* (1983), *Smile* (1985), *Sufferer's Choice* (1988). Tampoco hay que olvidar el single que en 1984 grabó junto a Sly & Robbie, "Rub a dub style sound", considerado como precursor del ragga.

Precisamente, en los años noventa, y sin menguar en lo más mínimo el nivel de sus trabajos en estudio, Minott presentaría una nueva tanda de discos centrados en el ragga a tener en consideración: *Sugar & Spice* (1990), *Happy Together* (1991), *Breaking Free* (1994) e *International* (1996). Para entonces, Minott era una de las grandes figuras de la música jamaicana, por lo que fue requerido en tres ocasiones para actuar en el Reggae Sunsplash (1993, 1995 y 1996), siendo reconocido por otros artistas de primera fila, como lo demuestra que en 2008 en su álbum *New Day* participasen Toots Hibbert, Sly Dunbar, Dwight Pickney y Andrew Tosh. Lamentablemente, complicaciones cardíacas acabarían con su vida el 10 de julio de 2010, cuando tan solo tenía 54 años.

Jackie Mittoo

Reggae con identidad propia

Nacido como Donat Roy Mitto (3 de marzo de 1948, Saint Ann Parish – 16 de diciembre de 1990, Toronto, Canadá), Jackie Mitto fue durante su truncada trayectoria musical una de las piezas clave en el devenir del reggae, como miembro de una banda tan relevante como los Skatalites y como director musical del legendario Studio One.

A éstos meritorios episodios en su carrera hay que añadir otros también relevantes, como su paso a lo largo de los años sesenta por formaciones como Sheiks, Soul Brothers, Soul Vendors y Sound Dimension, además de abrir en 1967 su propia discografía con el álbum *Jackie Mittoo in London*, disco imprescindible que, a pesar de lo que puede inducir su título, no era en directo, sino una recopilación de algunas de las canciones que hasta aquel entonces había escrito y publicado en formato single o a través de las formaciones por las que había pasado.

Tras *Evening Time* (1968) y *Keep on Dancing* (1969), títulos igualmente recomendables, a finales de los años sesenta, Mittoo se trasladaría a Canadá, país del que era originaria parte de su família, y en 1970 Mittoo lanzaría *Jackie Mitto Now*, que incluía "Peanie Wallie", tema que aprovecharian los Wailers aunque bajo el título "Duppy conqueror", uno de los primeros éxitos de la formación liderada por Bob Marley.

Aunque continuaría actuando en la escena de Toronto, en los años setenta Mittoo optaría por colaborar con productores jamaicanos, especialmente por Bunny Lee. A éste período corresponde el que quizás sea el mejor álbum de su escueta discografía, *Wishbone* (1971), en el que el reggae da también cabida a otros estilos como el soul, el jazz, el funk y hasta el gospel, percibiéndose la influencia de Booker T. & the MGs y resultando un producto al mismo tiempo innovador y comercial.

Tras discurrir los años ochenta sin presentar novedades discográficas, en 1989 Mitto regresó a los Skatalites, pero su estado de salud, atacado por el cáncer, decayó tan rápidamente que abandonó la formación y se apresuró a grabar el que sería su último disco, *Wild Jockey* (1989).

El alcance de Mittoo como artista quedaría demostrado en el hecho de que su funeral se llevó a cabo en el estadio National Arena de Kingston el 2 de enero de 1991, con la asistencia de un numeroso público y compañeros de profesión que relaizaron un concierto homenaje.

Judy Mowatt
La mujer fuerte del reggae

Nacida como Judith Veronica Mowatt (1952, St. Andrew Parish), Judy Mowatt se dio a conocer en los años setenta por ser una de las tres integrantes de las I-Threes, el trío vocal que acompañaba a Bob Marley.

Introducida en el mundo del espectáculo como miembro de un ballet caribeño, Mowatt llegó a la música tras haberse empapado por las canciones del rhythm and blues y el soul norteamericano de artistas como Aretha Franklin u Otis Redding, formando en 1967 junto a Beryl Lawson y Merle Clemenson el trío Gaylettes, el cual publicaría media docena de singles, que incluían temas como "Silent rivers runs deep" o "Son of a preacher man".

Pero sería en los años setenta cuando tras unirse a Rita Marley y Marcia Griffiths, Mowatt alcanzó el estrellato, aunque el alcance de su labor no se vería reconocida al completo, ya que por motivos legales firmó algunas canciones que compuso bajo el alias 'Jean Watt'. De ahí que, por ejemplo, en el álbum *Burnin'* (1973) de Marley apareciese ese nombre como coautora de los temas "Hallelujah time" y "Pass it on".

No obstante, a partir de los años ochenta, Mowatt tomaría las riendas de su carrera, especialmente tras el fallecimiento de Marley. De su discografía caben destacar los dos primeros títulos, *Black Woman* (1980), considerado por algunos el mejor álbum de reggae registrado por una mujer, y *Only a Woman* (1982), mientras que en 1985 lograría una nominación a los Grammy por *Working Wonders* y en 1991 su *Look at Love* entraría en el Top de Álbumes de World Music de la revista *Billboard*.

No obstante, a finales de los años noventa, Mowatt abadonaría sus creencias rastafaris para abrazar el cristianismo y dedicarse a interpretar música gospel.

Junior Murvin

El añorado falsete del reggae

Murvin Junior Smith (1946, Saint James – 2 de diciembre de 2013, Port Antonio), creció escuchando en la radio a artistas norteamericanos de rhyhtm and blues y soul, sintiéndose especialmente atraído por la voz del gran Curtis Mayfield. En el mes de mayo de 1976 le llegó la oportunidad de imitarlo cuando fue apadrinado por uno de los grandes nombres de la música jamaicana, Lee 'Scratch' Perry,  con el que grabaría la pieza clave de su repertorio, "Polices and thieves", que de inmediato arrasó en las salas de baile, ya que la letra de la canción reflejaba la tensión existente en las calles de cada uno de los suburbios de Jamaica.

El arrollador éxito de la canción hizo que aquel mismo año traspasase el Atlántico y fuese uno de los temas más populares del carnaval de Notting Hill, al cual asistieron Joe Strummer y Paul Simonon, miembros de los Clash, quienes decidieron grabar respetuosamente una versión para su álbum de debut. Sin embargo, el gesto sonoro de los británicos no resultó del agrado de Murvin, que declaró: *"¡Han destruído el trabajo de Jah!"*. Al menos, su propia versión alcanzaría el puesto 23 en las listas de éxitos del Reino Unido en 1980.

Posteriormente, la trayectoria discográfica de Murvin apenas tendría continuidad; tan solo media docena de títulos grabados, de los que cabe destacar *Bad Man Posse* (1982), todos ellos bajo la producción de Perry, Joe Gibbs, Mikey Dread y Alvin Ranglin, así como numerosos singles que apenas lograrían repercusión en Jamaica.

The Melodians
La misión de Trevor McNaughton

Histórica formación de rocksteady originaria de Grenwich Town (Kingston), integrada en su alineación original de 1965 por Tony Brevett, Brent Dowe y Trevor McNaughton.

El debut discográfico de los Melodians se produjo en 1966, bajo el sello Studio One de 'Coxsone' Dodd, mediante la publicación de las versiones "Lay it on", "Meet me", "I should have made it up" y "Let's join hands (together)". Después, durante 1967 y 1968 pasaron a grabar con el sello Treasure Isle, propiedad de 'Duke' Reid, lanzando los temas "You have caught me", "Expo 67", "I'll get along without you" y "You don't need me", si bien sería bajo la dirección de Leslie Kong cuando coseguirían su mayor éxito, "Rivers of Babylon", cuya popularidad le valdría el ser incluido en la banda sonora de la película *The Harder They Come*. Tras el fallecimiento de Kong en el mes de agosto

de 1971, los Melodians grabarían con otros dos de los grandes nombres de
la música jamaicana del momento, Lee Perry y Byron Lee, pero en 1973
Dowe abandonaría el grupo en pos de continuar en solitario.

Los Melodians se reunirían en la década de los noventa, publicando nuevos discos y actuando por distintos países de todo el mundo. Lamentablemente, en 2013 fallecería Tony Brevett, dejando a McNaughton como el
único miembro original en activo del grupo y que acompañado por Taurus Alphonso y Winston Dias, aquel mismo 2013 grabaría el álbum *Lyric to
Rythm*.

The Mighty Diamonds

Excelsas armonías para el roots reggae

Reconocibles por sus suaves armonías asentadas sobre el roots reggae y sus
textos de influencia rastafari, los Mighty Diamonds se formaron en 1969, en
Trenchtown, por Donald 'Tabby' Shaw, Fitzroy 'Bunny' Simpson y Lloyd
'Judge' Ferguson.

Influidos por grupos vocales estadounidenses como Temptations o Delfonics, aunque también por artistas jamaicanos como John Holt y Ken Boothe, después de grabar algunos temas con distintos productores, como Derrick Harriott, Bunny Lee , Lee 'Scratch' Perry y Rupie Edwards, en 1973 los Mighty Diamonds tuvieron su primer éxito bajo la producción de Pat Francis, el tema "Shame and pride".

Tras firmar con Virgin Records, en 1976 el grupo publicaría su álbum de debut, Right Time, un título imprescindible que recogía la mayor parte de sus primeros éxitos. El disco fue un éxito internacional y Virgin los envió a Estados Unidos para trabajar con el gran Allen Toussaint, lo que dio como resultado el album Ice on Fire, de inmerecida escasa repercusión comerical.

No obstante, durante los primeros años ochenta, y con Gussie Clarke como productor, Mighty Diamonds conectarían con una nueva generación de aficionados al reggae gracias al álbum Changes (1981), al cual pertenece el single "Pass the koutchie".

A partir de ese momento, Mighty Diamonds se consolidaron como una referencia clásica, pero activa, del roots reggae, con una discografía que ha alcanzado la cuarentena de títulos, de entre los cuales cabe mencionar *Get Ready* (1988) o *Speak the Truth* (1994), y que aún presentan en directo, como lo atestigua la gira de conciertos que ofrecieron a comienzos de 2016 por Estados Unidos.

Pablo Moses

El sosiego roots

Nacido el 28 de junio de 1948 en Manchester (Jamaica) como Pableto Henry, Moses es una de las figuras más representativas del roots reggae durante los años setenta y ochenta, que ha desarrollado una cuidada carrera lejos de los dictamines de la industria musical.

Tras años en la segunda fila de la escena musical jamaicana, Moses vivió su gran momento con la publicación de su primer disco, *Revolutionary Dream* (1976), producido por Geoffrey Chung, a excepción del tema "I man a grasshopper" producido por Lee 'Scratch' Perry. El éxito del álbum captó el interés de Chris Blackwell, que fichó a Moses para su sello Island, con el que músico jamaicano publicaría *A Song*, en 1980, y, ya en 1981, *Pave the Way*, dos discos que junto al primero resultan fundamentales a la hora de entender el roots reggae.

Moses editaría nuevos trabajos de manera regular hasta finales de los años noventa, alejándose de los estudios durante la primera década del siglo XXI. Afortunadamente, en el mes de abril de 2010 publicaría *The Rebirth*, álbum en el que colaborarían el tándem rítmico Sly & Robbie.

Semiretirado del panorama musical, las últimas actuaciones de Moses tuvieron lugar en el verano de 2014, por la Costa Oeste de Estados Unidos, como parte de distintos festivales reggae.

Musical Youth

Los éxitos de una adolescencia

Grupo formado en 1979 en Brimingham (Gran Bretaña) por dos parejas de hermanos, Kelvin y Michael Grant y Junior y Patrick Waite (hijos de Frederick Waite, miembro de los Techniques).

Su primera publicación, el single "Political" les permitió aparecer en el programa de radio del popular locutor John Peel, en la BBC, además de fichar por el sello MCA Records.

En 1982, y ya con Dennis Seaton como cantante, Musical Youth publicarían el sencillo "Pass the dutchie", canción inspirada en "Pass the kouchie" de los Mighty Diamonds y que sería número 1 en Gran Bretaña y Top 10 en Estados Unidos, país en el que vendió más de cuatro millones de copias y obtuvo una nominación a los premios Grammy.

Aprovechando el tirón de "Pass the dutchie", los siguientes singles de Musical Youth también obtuvieron buenos resultados en los charts: "Youth of today" entró en el Top 20 británico y "Never gonna give you up" lo hizo en el Top 10. El estado de gracia de la formación se mantendría con el siguiente álbum, *Different Style!* (1983), y les llevaría a colaborar con Donna Summer, la reina de la música disco, en el tema "Unconditional love", pero en 1985, tras la marcha de Seaton, el grupo decidió disolverse.

Posteriormente, hubo un intento de reunión, que se frustró con la inesperada muerte en 1993, por causas naturales, de Patrick Waite, por entonces un delincuente y a la espera de juicio.

También en 2001 Musical Youth estuvieron a punto de regresar a los escenarios, como parte de la gira de viejas glorias musicales Here & Now, pero los atentados del 11 de septiembre obligaron a cancelar las fechas, postergadas hasta 2003, mientras que en 2005, y ya como duo, Michael Grant y Dennis Seaton participarían en el festival Wiesen, en Austria.

Tras publicar en 2009 una versión de "Mary's boy child", de Boney M, y en 2013 otra de la popular "The harder they come", de Jimmy Cliff, finalmente Musical Youth grabarían el álbum *When Reggae Was King*, cuyo lanzamiento se dispuso para 2016.

Mutabaruka

El poeta dub de las montañas

Nacido como Allan Hope el 26 de diciembre de 1952 en Rae Town, Kingston, Mutabaruka, nombre de origen ruandés que significa 'el que siempre vence', era un empleado del servicio técnico de la compañía nacional de

teléfono de Jamaica hasta que las lecturas de accionistas negros como Malcom X o Eldridge Cleaver le llevaron a entrar en el movimiento rastafari.

Sus primeros poemas aparecieron en 1971 en la revista de música *Swing*, lo que coincidió con un profundo cambio en sus hábitos cotidianos que implicaron el que se trasladase con su familia a una casa en Potosi Hills, montañas próximas a la Bahía de

Montego. A partir de ese momento, Mutabaruka se sumergiría en la escritura, lo que daría como resultado el libro *Outcry* (1973), años después seguido por otras dos obras vitales, *Sun and Moon* (1976) y *The Blook: Primeros Poemas* (1981).

El primer intento de combinar poesía con música llegaría también en 1973 y, acompañado por la banda de percusión Larry McDonald Truth, Mutabauka grabó *Wey Mi Belong*. Después surgirían otros proyectos musicales, junto al guitarrista Earl 'Chinna' Smith y la High Times Band.

A partir de los años ochenta y hasta principios de la primera década del siglo XXI, la discografia de Mutabaruka, acogida por un público selecto y minoritario, se ha ido sucediendo de manera regular, incrementándose con discos interesantes y de los que por su contenido temático vale la pena recuperar títulos como *Check It!* (1983), *Any Which Way... Freedom* (1989) y *Life Squared* (2002).

Johnny Nash
El pigmalión del reggae

Nacido como John Lester Nash el 19 de agosto de 1940 en Houston (Estados Unidos), Johnny Nash llegó en primera instancia al mundo del séptimo arte, interviniendo en 1959 en la película *Take a Giant Step*. Además, y bajo el departamento de música de la Paramount publicaría cinco álbumes entre 1958 y 1961 (*Johnny Nash*, *I Got Rhythm*, *Quiet Hour*, *Let's Get Lost* y *Starring Johnny Nash*).

No obstante, en 1965 Nash se introdujo en el negocio musical fundando la discográfica JAD junto al productor Arthur Jenkins y el empresario Danny Sims. El sello se trasladaría en 1968 a Jamaica para producir a algunos músicos locales, como Jackie Jackson o los Wailers, a los que además contrató para acompañarle por una serie de conciertos por Suecia y Reino Unido (precisamente en Londres los Wailers conocieron a Chris Blackwell, quien los acabaría contratando).

Por su parte, Nash se beneficiaría por tratar con los Wailers, pues además de grabar varias maquetas con ellos entre 1968 y 1971, Marley escribiría cuatro canciones para su disco *I Can See Clearly Now*: "Guava jelly", "Comma comma", "You poured sugar on me" y "Stir it up", esta última Top 20 en Estados Unidos y Gran Bretaña y que en 1973 el propio Marley incluiría en su álbum *Catch A Fire*.

De ahí que Nash fuese uno de los primeros cantantes no originarios de Jamaica que grabó reggae, lo que se hizo posible gracias al mencionado vínculo con Bob Marley. Los resultados de esta colaboración se hicieron especialmente notorios en 1972, cuando Nash subió al número 1 de la lista de singles de la norteamericana *Billboard* con la canción "I can see clearly now" y tres años después lo hizo en las listas británicas con el tema "Tears on my pillow".

Nash mantendría su actividad hasta finales de los años setenta, con un posterior y último hit en 1985, el tema "Rock me baby", Top 50 en Gran Bretaña, retirándose después del mundo del espectáculo.

Niney The Observer

Construyendo el sonido de Jamaica

Nacido como Winston Holness en 1944 en Montego Bay, Niney the Observer –que adoptó este alías tras perder uno de sus pulgares– ha sido descrito como un elemento indispensable para entender el reggae, puesto que ha trabajado como productor para muchos artistas, bajo otros alias, contribuyendo al asentamiento del dancehall a comienzos de los años ochenta.

No obstante, la carrera de Niney se remonta a la segunda mitad de los años sesenta, cuando trabajaba como comercial para Leslie Kong y 'Coxsone' Dodd y como ingeniero para el sello KG Records. Después, daría el paso a la producción y publicaría como cantante su primer single, "Come on baby".

También trabajaría para Bunny Lee, Lynford Anderson y Joe Gibbs, en este caso en substitución del gran Lee 'Scratch' Perry, lo cual nos da una pista de su talento tras la mesa de grabación, desde donde impuso su estilo en temas de Dennis Alcapone y, especialmente, Dennis Brown.

Tras dejar a Gibbs, Niney demostraría iniciativa y habilidad como productor con el tema "Blood and fire", del que se venderían más de treinta mil copias en Jamaica. Además, e inspirándose en Lee Perry, Niney formó como banda residente de su estudio a los Observers, conocidos poco después como Soul Syndicate.

Ya en los años setenta, Niney se labraría una envidiable reputación produciendo a artistas jamaicanos de primera fila como Delroy Wilson, Horace Andy, Dillinger, los Heptones, Johnny Clarke, Jacob Miller o Freddie McGregor, compaginando esta tarea con su propia carrera musical, de la que cabe destacar el álbum *Space Flight Dub*, aparecido en 1972.

En la década siguiente, Niney sería contratado por el sello Hitbound como principal responsable de las producciones del estudio Channel One, supervisando discos de Beenie Man, Sugar Minott, Frankie Paul, Junior Byles o Third World, mientras que a los años noventa corresponde el último gran trabajo de su discografía particular, *Freaks* (1992). Tras cuatro décadas de dedicación a la música, finalmente, en 2013 Niney pudo abrir su propio estudio en Kingston, el Observer Soundbox, en el que produciría, a mediados de 2015, el último single de Jimmy Cliff, "Children".

Nitty Gritty

Carrera truncada

De nombre real Glen Augustus Holness (August Town, 1957 – Nueva York, 24 de junio de 1991), Nitty Gritty es una de las promesas truncadas del reggae. Criado en el seno de una familia de arraigadas convicciones religiosas, Holness debutó en la música como miembro de los Soulites, una fugaz formación que entre 1969 y 1971 publicó cinco singles, tres de los cuales como acompañantes de los cantantes Boston Jack, Ken Lazarus y George Faith.

Después, Holness trabajaría en el sound system Zodiac y grabaría algunos singles bajo la producción de George Phang y Sugar Minott antes de colaborar en 1985 con King Jammy, con quién publicaría su mayor éxito, "Hog inna minty", seguido inmediatamente por otras canciones populares, como "Good morning teacher", "Sweet reggae music", "Run down the world" y "Gimme some of your something", también producidas por Jammy.

En 1986, tras el lanzamiento de su opera prima, *Turbo Charged*, Holness residiría brevemente en Londres, para después hacerlo en Nueva York, ciudad en la que grabaría sus siguientes trabajos, los álbumes *General Penitentiary* (1987), *Nitty Gritty* (1988) y *Jah in the Family* (1989), éste último con material que había registrado a su paso por la capital británica.

Lamentablemente, cuando empezaba a hacerse con un nombre en la escena de la Costa Este, Holness moriría por disparos a finales de junio de

1991 a las puertas de Super Power, una tienda de discos de Brooklyn. En un principio se culpó de su muerte al DJ de dancehall Super Cat.

Augustus Pablo
El rey de la melódica

Nacido como Horacio Swaby (21 de junio de 1954, St. Andrew – 18 de mayo de 1999), Augusto Pablo, caracterizado por su fidelidad a los preceptos del rastafarismo, es el responsable de popularizar la melódica como instrumento reggae, además de ser uno de los contribuyentes más activos del dub durante los años setenta y símbolo para los posteriores músicos del roots británico de los años noventa.

La carrera discográfica de Augustus Pablo se remonta a 1971, con la publicación del single "Iggy Iggy", que precedería a una serie interminable de colaboraciones con la mayoría de grandes productores de la isla, como

'Scratch' Perry, Joe Gibbs, Derrick Harriot, Bunny Lee o Gussie Clarke. Después, Pablo pasaría a su vez a producir a otros artistas, como Big Youth, Dillinger o Johnny Osbourne.

De su producción de los años setenta destacan primordialmente dos álbumes: *King Tubbys Meets Rockers Uptown* (1976), uno de los máximos exponentes del dub en el que al talento de Pablo se le úne el del maestro King Tubby, y *East of the River Nile* (1977), recuperado por el público en 2002, año en que logró subir al puesto número 13 de la lista de discos reggae de la revista *Billboard*. Lo mismo sucedería en 2014 con *Born to Dub You*, un recopilatorio formado por algunos descartes de su colaboración con Gussie Clarke que fue número 7. Tampoco deben de olvidarse dos de sus títulos pertenecientes a los años ochenta, *Rockers Meet King Tubby In A Fire House* (1980) y *Earth's Rightful Ruler* (1983).

Lamentablemente, su frágil estado físico impidió que Augustus Pablo se prodigase más sobre los escenarios y prefiriese pasar buena parte de sus últimos años en Rockers International Shop, su tienda del número 135 de Orange Street, hoy en día, además, convertido en un auténtico museo en torno a su figura.

The Paragons
Los reyes del rocksteady

Grupo formado en Kingston a comienzos de los años sesenta por Garth 'Tyrone' Evans, Bob Andy, Junior Menz y Leroy Stamp, aunque éstos dos últimos serían substituidos en 1964 por Howard Barrett y John Holt, respectivamente.

Precisamente aquel mismo año los Paragons iniciaron su colaboración con el productor 'Duke' Reid, publicando varios singles, como "Memories by the score", "On the beach", "Only a smile" o "Wear you to the ball", en los que se hizo palpable su influencia del soul estadounidense.

Ya en 1967, el cuarteto grabaría su canción más popular, "The tide is high", compuesta por Holt (posteriormente el único miembro con una sólida carrera en solitario), tema que décadas después versionarían con éxito formaciones como Blondie y Atomic Kitten.

Sin embargo, tras este éxito, Andy decidió abandonar el grupo, mientras que el resto de los Paragons continuaron algunos pocos años más su carrera convertidos en el principal referente del rocksteady.

Finalizado el período del nuevo estilo y a causa de desavenencias por cuestiones económicas, los Paragons se disolvieron en 1970, aunque a finales de aquella misma década regresarían durante un breve período de tiempo.

Sean Paul

Dancehall made in USA

Sean Paul Ryan Francis Henriques (9 de enero de 1973, Kingston), conocido artísticamente como Sean Paul, forma parte de la nueva generación de artistas reggae asentados e influidos en y por el mercado discográfico de Estados Unidos.

Fue el productor Jeremy Harding quién lo descubrió y le dio la oportunidad de grabar su primera canción, "Baby girl", lo que dos años después daría lugar a su primer álbum, *Stage One*. En 2002, Paul conseguiría su primer éxito en Estados Unidos con la canción "Gimme the light", seguido meses después por "Get busy", número uno. La inesperada, aunque calculada, racha de fortuna continuaría en 2002 con el álbum *Dutty Rock*, el mejor título de su discografía, que entró en el Top 10, así como sus colaboraciones con Blu Cantrell, con el que interpretó el tema "Breathe"; Beyoncé, con la que grabó "Baby boy"; Nina Sky, en la canción "Touch my body", y Wisin & Yandel, en "Lets get high".

Su tercer trabajo discográfico, *The Trinity* (2005), incluía los hitsingles "Temperature", número 1 en Estados Unidos, y "Give it up to me", número 3, los cuales hicieron que el disco obtuviese una excelente acogida a nivel internacional, despachando más de cuatro millones de copias. Una cifra espectacular teniendo en cuenta que el negocio musical había cambiado drásticamente por aquel entonces.

Aún así, "So fine" y "Press it up", pertenecientes a su cuarto disco, *Imperial Blaze* (2009), lograron millones de reproducciones en YouTube, aunque el record de Sean Paul en este medio lo obtendría gracias a "Got 2 luv u", del álbum *Tomahawk Technique* (2012), número 2 en Estados Unidos y canción cuyo sorrespondiente videoclip alcanzó los 138 millones de reproducciones.

Aceptado como uno de los más reconocidos artistas de dancehall, Sean Paul publicaba en 2014 *Full Frequency*, trabajo correcto que, sin embargo, fue número 1 en la lista de álbumes reggae de la revista musical *Billboard*.

Lee 'Scratch' Perry

El mago de la producción

Rainford Hugh Perry (20 de marzo de 1936, Kendal) es, sin la más mínima duda, el productor por antonomasia del reggae, con una dilatadísima carrera que comenzó a finales de los años cincuenta por entonces en compañía de otro de los hombres fuertes del reggae, Prince Buster. Pocos años después, 'Scratch' Perry trabajaría para Clement 'Coxsone' Dodd y se convertiría en uno de los pioneros del riddim. Influido por King Tubby, genio del dub, en los años sesenta Perry fundó sus propios estudios, los Black Ark, que él mismo destruiría en un arrebato de furia.

Entre otros logros, Perry fue el primer productor en percatarse del talento de los Wailers, a los que hizo acompañar por la banda de su estudio, los Upsetters. También mezclador, ingeniero de sonido, autor e intérprete, Perry está considerado como uno de los padres del dub jamaicano, lo que a la postre le ha valido el reconocimiento de las comunidad hip-hop y electrónica.

Su dimensión intelectual, que vaga en una dimensión particular y excéntrica, ha sido clave para impregnar a todos y cada uno de sus trabajos de un tono místico y espiritual, lo que, en otras palabras, comporta la misma esencia del rastafarismo.

De su discografía personal resultan de obligada escucha álbumes como *Cloak & Dagger* (1972), *Super Ape* (1976), *Roast Fish, Collie Leed and Cornbread* (1978), *Meets Bullwackie in Satan's Dub* (1991), *Lord God Muzick* (1991), *Dub Take the Voodoo Out of Reggae* (1996) o *Technomajikal* (1997), sin olvidar el que publicaría en 2002, *Jamaican E.T.*, por el que recibiría el Grammy al Mejor Álbum de Reggae.

Por lo que respecta a sus más destacados trabajos como productor señalar *Silver Bullets* (1973), de los Silvertones; *Rasta Revolution* (1974), de Bob Marley; *War Ina Babylon* (1976), de Max Romeo; *Police & Thieves* (1977), de Junior Murvin; o *Heart of the Congos* (1977), de los Congos, por citar algunos de los álbumes más referenciales del reggae.

Maxi Priest

El rey del Lovers rock

Max Alfred Elliot (10 de junio de 1962, Lewisham, Gran Bretaña) es un cantante hijo de emigrantes jamaicanos que vivió durante su infancia y adolescencia el devenir del reggae en el contexto de la sociedad británica.

Es, además, sobrino del gran Jacob Miller, por lo que no es de extrañar que acabase introduciéndose en la escena musical del sur de Londres, lo

que le llevaría en 1986 a publicar su primer álbum, *You're Safe*, mejor acogido por el público que por la crítica especializada. No obstante, el acuerdo unánime lo conseguiría dos años después, con *Maxi Priest*, habitualmente considerado el trabajo más destacado de su discografía, si bien, y a pesar de tratarse de un disco de resultados irregulares, el que lo llevaría a la consagración sería el siguiente, *Bonafide* (1990), que incluía su canción más emblemática, "Close to you".

La popularidad que le brindó esta canción le sirvió para interpretar junto a la diva de la canción norteamericana Roberta Flack"Set the nigth to music", Top 10 en Estados Unidos. También exitoso sería su duo con Shaggy en el tema "That girl", Top 20 en 1996. De hecho es una constante en la trayectoria musical de Maxi Priest las colaboraciones con otros destacados artistas, como Sly & Robbie, Shaggy, Beres Hammond, Jazzie B, Apache Indian, Shabba o Lee Ritenour.

Sin embargo, tras la favorable acogida de *Man With The Fun* en 1996, su discografía se ha resentido tanto en términos creativos como comerciales, hasta la aparición en 2014 de *Easy to Love*, número 2 en la lista de álbumes reggae de la revista musical *Billboard*, en cuyo interín aprovechó para colaborar con las banda británica de pop-reggae UB40, con los que en 2008 grabó el single "Dance until the morning light".

Prince Buster

Príncipe del ska, príncipe del rocksteady

Cecil Bustamente Campbell (24 de mayo de 1938, Kingston), conocido como Prince Buster, es un intérprete, productor y relevante figura del ska y el rocksteady que inició su carrera musical en 1956 como cantante de escaso éxito que, sin embargo, en 1960 encaró la producción de "Oh Carolina" para el trío Folkes Brothers. Por la grabación del tema, considerado como uno de los orígenes del reggae (participando en él como músicos invitados el Count Ossie's Afro-Combo y el pianista Owen Grey), Buster tan solo le pagaría al trío 60 dólares.

A partir de ese momento y hasta finales de los años sesenta, Buster produciría decenas de discos para el sello británico Blue Beat, encargado de la distribución de "Oh Carolina" en el Reino Unido, y se convertiría en un avanzado de la producción en estudio, usando métodos utilizados posteriormente por las nuevas generaciones de técnicos.

El propio Buster grabaría algunos discos que fueron distribuidos en Europa, de entre los que cabe señalar *Ten Commandments* (1967), número 81 en la lista de discos de la revista *Billboard*, o *The Original Golden Oldies, Vol. 2* (1973), y fundaría el sello Prince Buster Records, más tarde adquirido por Blue Beat, cuando a finales de los años setenta Buster atravesaba una crisis financiera y en el mismo período en el que desde Gran Bretaña grupos como Madness, Specials o The Beat reivindicaban su figura.

En la actualidad, Prince Buster vive en Miami, retirado de la música desde comienzos del siglo XXI.

Prince Far I

La voz del trueno

Michael James Williams (1944, Spanish Town – 15 de septiembre de 1983), conocido como Prince Far I fue un DJ y productor jamaicano, de profundas convicciones rastafaris y activa ideología política.

Comenzó en la música trabajando en el sound system Sir Mike the Musical Dragon, para grabar en 1969 "The great booga wooga" bajo el alias 'King Cry Cry' y la producción de Bunny Lee. Al año siguiente, y de manera casual, grabaría con otro de los pesos pesados de la producción jamaicana, 'Coxsone' Dodd. A partir de entonces, Prince Far I comenzaría una trayectoria sólida gracias a su voz baja y profunda y un estilo que él mismo definió como 'chanter'.

Para su primer álbum, *Psalms For I* (1975), Prince Far I tomó la peculiar decisión de que la grabación sirviese para introducir en la Biblia a aquellas personas que no supiesen leer. Tras un segundo álbum, *Under Heavy Manner* (1976), que contó con Joe Gibbs como productor, llegaría un contrato con Virgin Records que incluyó la trilogía de álbumes *Cry Tuff Dub Encounter*, publicados entre 1978 y 1980 y con el apoyo de Roots Radics bajo el nombre The Arabs.

Asentado profesionalmente en Gran Bretaña, Prince far I colaboró con el sello On-U Sound Records y apadrinó la carrera de Adrian Sherwood. Para sus actuaciones reclutó a los Suns of Arqa, quienes lo acompañarían en la que sería su última actuación, celebrada el 7 de diciembre de 1982 en Manchester, recogida en el álbum de directo *Musical Revue*.

Lamentablemente, a finales del verano de 1983, cuando había concluido las sesiones de grabación del que sería su álbum póstumo, *Umkhonto*, Prince Far I moriría por los disparos producidos durante un atraco. La fecha de su muerte pasaría a la historia gracias a la canción "Sept. 15th 1983", que la banda californiana de indie rock Mountain Goats incluyeron en su álbum *Heretic Pride* (2008).

R

Shabba Ranks

El 'arte' de truncar una carrera

Nacido como Rexton Rawlston Fernando Gordon (17 de enero de 1966, St. Ann), Shabba Ranks es uno de los grandes pioneros en la historia del dancehall, obteniendo alcance internacional.

Inició su meteórica carrera bajo la tutela de Josey Wales, uno de los mejores deejays de dancehall de los años ochenta, y rápidamente entró en contacto con miembros de la escena rap neoyorquina como KRS One y Chubb Rock, lo que le llevó a captar la atención de Epic, compañía por la que ficharía a comienzos de los años noventa.

Precisamente en 1991, Ranks conseguiría su primer éxito gracias al tema "Dem bow", perteneciente a su disco *Just Reality*, un tributo al estilo musical originario de Jamaica, que también se empapa de influencias rap y hip-

hop y cuyo ritmo posee la misma base que el reggaetón y el dancehall. No obstante, sería *As Raw As Ever*, publicado también en 1991 y número 1 en la lista de álbum rhythm & blues de la revista *Billboard*, el álbum que consagraría a Ranks, convirtiéndolo en una figura mediática hasta el punto de ser invitado en 1993 a colaborar en la banda sonora de la película *La Familia Addams, la tradición continúa*, para la cual grabó una versión del clásico "Family affair", original de Sly & the Family Stone.

También resultaron dos buenas producciones *Rough & Ready, vol. 1* y *X-Tra Naked* (número 14 en las listas de discos reggae de Estados Unidos), ambas publicadas en 1992, año en que la carrera de Ranks entraría en absoluto declive debido a las declaraciones homófobas que expresó durante una entrevista para el programa *The Word*, de la cadena de televisión británica Channel 4.

En los últimos años, Ranks ha formado parte del sello Roc-A-Fella Records, propiedad de Jay-Z, ha colaborado en el tema "Clear the air" de Busta Rhymes y se presume trabaja en un nuevo álbum que no tiene fecha de publicación.

Max Romeo

El hombre del rude reggae

Maxwell Livingston Smith (22 de noviembre de 1944, St. Ann's), es uno de los principales referentes del roots reggae, que comenzó su obra discográfica en 1969 con la polémica suscitada en Gran Bretaña por su tema

"Wet dream", incluido en el álbum *A Dream*, debido a su contenido procaz, lo que no impediría que del single se vendiesen 250.000 copias.

Max Romeo apuntó desde sus primeras grabaciones su pensamiento social, tal y como también lo atestiguaban los singles "Mini skirt vision" y "Let the power fall", éste último grabado con motivo de las elecciones generales de 1972 en Jamaica. A los años setenta también pertenecen otros dos álbumes excelentes de Romeo, como *Revelation Time* (1975) y *Open the Iron Gate* (1978), al mismo tiempo que trabaja con productores jamaicanos de prestigio, como Lee Perry y Winston Holness, con los que graba temas como "Babylon burning", "Three blind mice" o "The coming of Jah".

A finales de la década de los setenta, Romeo se traslada a Nueva York y conoce a los Rolling Stones, que le invitarán a una de las sesiones de grabación de su álbum *Emotional Rescue* y dejando que intervenga en los coros del tema "Dancing." La cooperación con los Stones se reptiría un par de años después, cuando Keith Richards se le ofrece a producir el álbum *Holding Out My Love to You*, antecesor del que muchos consideran la mejor grabación de Romeo de los años ochenta, el disco *Max Romeo Meets Owen Gray at King Tubby's Studio* (1984).

Durante ese período Romeo trabaja junto al productor Bullwackie, para hacerlo, ya en los años noventa, con el británico Jah Shaka y el tandem Mafia & Fluxy, con los que sí lograría volver a captar el interés del público, especialmente europeo, gracias a un buen número de producciones discográficas, distribuidas por diferentes sellos, como Roots&Culture, 3D o Charly.

David Rudder
Evolucionando el calypso

Nacido como David Michael Rudder el 6 de mayo de 1953 en Puerto España, capital de la isla de Trinidad y Tobago, David Rudder es uno de los nombres más populares de calypso, además de uno de los pocos autores del género que interpreta sus propios temas.

Tras iniciarse en la música a muy temprana edad, en 1977 Rudder se uniría como vocalista a la Charlie's Roots, hasta que a mediados de la década siguiente participa en el álbum *The Hammer* (1987), del músico neoyorquino Andy Narell, cantando los temas "The hammer" y "Bahia girl".

El disco fue todo un éxito, número 9 en la lista de álbumes de Jazz Contemporáneo de la revista musical *Billboard*, propiciando que Rudder iniciase su carrera en solitario al año siguiente, tras firmar un contrato de seis años con los sellos London Records, en Gran Bretaña, y Sire/Warner, en Estados Unidos.

De esta manera, Rudder abriría su discografía con el que está considerado, al menos hasta la fecha, como el mejor título de toda su obra, *Haiti*, que incluye algunos de los clásicos de su repertorio, como"Rally round the West Indies", "Bacchanal lady", "Engine room" o el tema que da título al disco.

A partir de entonces y hasta la llegada del nuevo milenio, Rudder iría engrosando su repertorio con trabajos encomiables, de entre los que cabe destacar *1990* (1990), *Tales From a Strange Land* (1996) o *Zero* (2000).

Shaggy

El último fenómeno exportado del dancehall

De nombre real Orville Richard Burrell (22 de octubre de 1968. Kingston), Shaggy inició su carrera musical a comienzos de los años noventa, tras su paso por el ejército estadounidense y cumplir servicio en la Guerra del Golfo.

Después de algunos temas publicados en single, en 1993 Shaggy publicaría *Pure Pleasure*, un disco de resultados irregulares, pero que, no obstante, le sirvió para darse a conocer en la escena dancehall norteamericana, alcanzando con su siguiente trabajo,

Boombastic (1995), número 1 en Estados Unidos y Grammy al Mejor Álbum de Reggae, el momento dorado de su carrera gracias a los temas "Boombastic", número 3, e "In the summertime", número 1 en la lista de singles rap.

Posteriormente, la discografía de Shaggy ha deambulado entre la corrección y algunos momentos encomiables, como *Hot Shot* (2000) o *Intoxication* (2007), ambos número 1 en Estados Unidos, así como una retahíla de singles que han acaparado los primeros puestos, como "Luv me luv me", "It wasn't me" o "Angel". Precisamente éstas dos últimas las interpretaría en el concierto llevado a cabo en el mes de septiembre de 2001 en el Madison Square Garden con motivo de los treinta años de carrera de Michael Jackson.

Con una agenda agotadora, Shaggy, convertido en toda una estrella mediática, ha continuado en los últimos tiempos publicando discos de una arrolladora repercusión comercial y popular, por lo que no es de extrañar que trabajos como *Summer in Kingston* (2011) o *Out of Many, One Music* (2015), ambos distribuidos via digital, estuvieron nominados a los Grammy en la categoría de Mejor Álbum de Reggae.

Garnett Silk

La truncada forja del nuevo reggae

Abanderado de la nueva ola de roots que surgió en la escena jamaicana a comienzos de los años noventa, Garnett Silk (Garnet Damion Smith, 2 de abril de 1966, Manchester, Jamaica – 9 de diciembre de 1994, Mandeville), comenzó su carrera musical a los doce años bajo el alias de 'Little Limbo', mientras que durante buena parte de los años ochenta sería el DJ de diversos sounds system, como Conquering Lion o Pepper's Disco.

Fue precisamente a mediados de aquella década cuando Silk grabó su

primer single, "Problem everywhere", además de, bajo el nombre de 'Bimbo', colaborar con otros artistas como Sugar Minott o Tony Rebel; una etapa a la que corresponde el álbum *The Garnett Silk Meets the Conquering Lion: A Dub Plate Selection*.

Tras convertirse al rastafarismo por mediación del poeta dub Yasus Afari, Silk continuaría su aprendizaje musical junto a productores como Bunny Lee, King Tubby, Prince Jammy o Donovan Germain, hasta que en 1991 entró en contacto con Courtney Cole, propietario del sello Roof International, y empieza a componer algunos de los temas que acabarían formando parte de su primer disco, el excelente *It's Growing*, uno de los discos más vendidos en Jamaica en 1992 y que incluía el tema "Hey mama Africa", número 1 en las listas reggae de Gran Bretaña.

Un año después, Silk conseguiría un nuevo éxito con la canción "Zion in a vision", embarcándose en una gira por Estados Unidos que tuvo que ser suspendida tras una actuación en Nueva York, durante la cual su endeble estado de salud le obligó a dejar la carretera durante los siguientes seis meses. Tras este tiempo, Silk regresó al panorama musical con otro tema popular, "Love Is the Answer", adelanto del álbum del mismo título y excusa para que encabezase los festivales Reggae Sunfest y Reggae Sunsplash.

Por desgracia, Silk fallecería tras un incendio en casa de su madre, provocado por la explosión de un tanque de gas propano producida por el disparo fortuito de una pistola.

A título postumo, en 2003 aparecería el álbum *Give I Strength*, con lo más selecto la discografía inédita y publicada de Garnett Silk, confirmado hoy en día como uno de los músicos jamaicanos de mayor talento de los últimos años.

Sister Carol
La reina del dancehall

Nacida el 15 de enero de 1959 en Kingston, Carol Theresa East, conocida como Sister Carol (aunque en el pasado también usó los alias de 'Black Cinderella' y 'Mother Culture'), comenzó su carrera una vez que su familia se trasladó a Nueva York. Su interés por la música era prácticamente una tradición familiar, ya que su padre, Howard East, había trabajado nada menos que como ingeniero en Studio One.

En 1981, Sister Carol conoció a Brigadier Jerry, un DJ jamaicano que la
animó a introducirse en la escena dancehall tanto neoyorquina como jamaicana, llegando a realizar una gira junto
a los Meditations, coincidiendo ésta
con la publicación de *Mother Culture*,
el primer título de una discografía escueta, que concluye en 2003, pero de
resultados interesantes y consistente
en un total de siete discos en estudio
(a los que habría que añadir el publicado en 1983 únicamente en Jamaica,
Liberation for Africa) y otro en directo,
Direct Hit! (2001).

Skatalites
Clásicos imperecederos

Johnnie Moore, Tommy McCook, Lester Sterling y Don Drummond
forjaron sus inquietudes musicales a su paso por el famoso Alpha Cottage
School for Boys de Kingston, para después trabajar a las órdenes de 'Duke'
Reid y su sello Treasure Island, así como para Clement 'Coxsone' Dodd y
su Studio One.

Por aquel entonces ya se les habían sumado los músicos Roland Alphonso,
Jerome Haynes, Lloyd Brevet, Jackie Mittoo y Lloyd Knibbs, así como los
vocalistas Jackie Opel, Tony DaCosta, Dorren Schaeffer y Lord Tanamo.
Todos ellos grabarían en 1964 el álbum *Ska Authentic*, que, sin embargo, no
vería la luz hasta tres años más tarde.

Debutan sobre un escenario el 27 de junio de 1964, en el club Hi-Hat, y,
aún noveles en el negocio musical, Skatalites deben ganarse la vida acompa-
ñando a artistas de Studio One, como Alton Ellis, Ken Boothe, los Maytals
o Delroy Wilson.

Con el encarcelamiento de Don Drummond aquel mismo año, Skatalites
continuarían hasta el mes de julio de 1965, momento en el que Mittoo, Al-

phonso, Moore y Brevett forman los Soul Vendors, McCook los Supersonics y Sterling comienza a trabajar para Clancy Collins.

Diez años después, en 1975 buena parte de los miembros originales de
Skatalites participaran en la grabación del disco en solitario de Brevet, *African Roots*, y dos años después la banda hace lo propio en el disco *Hot Lava*,
de McCook, ocasión ésta última que aprovecha el productor Bunny Lee
para reunirlos y registrar el álbum *The Skatalites with Sly & Robbie & the Taxi
Gang*.

Tras el fallido intento en 1978 de Chris Blackwell para que publicasen en
su sello Island (si bien las canciones registradas en aquella ocasión verían la
luz en 1984 en el disco *The Return of the Big Guns*), en 1983 Skatalites ac-
tuaran en el festival Reggae Sunsplash, concierto que supondría el posterior
retorno estable de la banda, oficializado en 1986.

En 1990, Skatalites (McCook, Alphonso, Moore, Brevett y Knibb, además de Dion Knibb, Devon James y Ken Stewart) haran su primera gira por
Estados Unidos, editando en 1993 *Skavoovee* y al año siguiente *Hi-Bop Ska*,
nominado a los Grammy al igual que *Greetings from Skamania*, de 1996. Sin
McCook ni Alphonso, Skatalites han continuado realizando giras interna-

cionales durante el presente nuevo siglo, como con la que celebraron su
cuarenta aniversario en 2004 o el último periplo por Estados Unidos y Europa a comienzos de 2016, coincidiendo más o menos con la publicación de
nuevos trabajos discográficos, como el álbum *On the Right Track*, de 2007, o
el más reciente *Walk With Me*, de 2012.

Sly And Robbie

Músicos de sesión y maestros dub

Sly y Robbie son dos músicos y productores que desde los años setenta se han convertido en el tandem más prolífico del reggae. El batería Sly
Dunbar (Lowell Dunbar, 10 de mayo de 1952, Kingston) y el bajista Robert
'Robbie' Shakespeare (27 de septiembre de 1953, Kingston) han participado literalmente en la grabación de decenas de miles de canciones, para

artistas de talla internacional como Black Uhuru, Bunny Wailer, Culture, Grace Jones, Gregory Isaacs, Ian Dury, Jimmy Cliff, Joe Cocker, Mighty Diamonds, Peter Tosh, Serge Gainsbourg, No Doubt o Yellowman, entre otros muchos, aunque también han dedicado su tiempo a cultivar su propia discografía desde comienzos de los años ochenta, con algunos títulos recomendables como *Crucial Reggae: Driven by Sly & Robbie* (1982), *Two Rhythms Clash* (1989), *Friends* (1998, por el que consiguieron el Grammy al Mejor Álbum de Reggae), *Unmetered Taxi* (2004), *Blackwood Dub* (2012) o *Dubrising* (2014).

Steel Pulse
Las esperanzas del pueblo negro

Como descendientes de los primeros emigrantes jamaicanos llegados a Gran Bretaña, los componentes de Steel Pulse siempre han tenido muy en cuenta a la hora de escribir los textos de sus canciones las vicisitudes sociales e históricas de los ciudadanos de color británicos.

Formados en Birmingham en 1975 por David Hinds, Basil Gabbidon y Ronnie McQueen, parte de ese ímpetu narrativo coincidió con el movimiento punk, aunque a diferencia de éste, más proclive al desencanto y a un futuro desalentador, Steel Pulse reivindicaban derechos y esperanza. Su primer single, "Kibudu, mansetta and abuku", obtuvo el éxito local suficiente como para que rápidamente el trío se consolidase en la zona centro de Inglaterra y respaldase el lanzamiento de los siguientes "Nyah love" y "Kuklux-klan", éste último ya distribuido por Island Records, sello que haría lo mismo con el álbum *Handsworth Revolution* (1978), uno de los mejores títulos que ha dado el reggae a lo largo de su historia.

Tras *Tribute To The Martyrs* (1979) y *Reggae Fever (Caught You)* (1980), Steel Pulse ficharían por Elektra y publicarían otro de sus trabajos más representativos, *True Democracy* (1982), aunque, luego, la banda se dejaría convencer por la compañía para relajar su tono militante y convertir su música en un producto más comercial. Craso error que arrastraría Steel Pulse a grabar discos insulsos hasta que en 1997 se descolgaron con el notable *Rage and Fury*.

No obstante, la popularidad del trío se ha mantenido a nivel internacional (de hecho, en 2016 actuaron en Estados Unidos, Australia y Latinoamérica), consiguiendo colar desde los años noventa varios álbumes en lo alto de las listas de música reggae de Estados Unidos, caso de *Living Legacy* (1999) o *African Holocaust* (2004).

Super Cat
Dancehall con conciencia

William Anthony Maragh (25 de junio de 1963, Kingston), conocido como Super Cat, es otro de los nombres más representativos del dancehall de finales del pasado siglo XX, gracias a la interpretación de unos temas cuyos textos redundan en lo social.

De avezado carácter, ya desde niño, con tan solo siete años, hizo una prueba para el sound system Soul Imperial, bajo la mirada del productor Joe Gibbs. No tuvo suerte, pero Super  Cat no cejó en su empeño de convertirse en una figura en la escena musical jamaicana y algunos años después publicaba su primer single, "Mr. Walker", producido por Winston Riley (Johnny Osbourne, Sister Nancy, Buju Banton...).

Tras un breve período en la cárcel (el delito siempre le ha perseguido, como en 1991 cuando se rumoreó que pudo haber sido el que disparó a Nitty Gritty), en 1984 entró a pinchar para el sound system Killamanjaro, lanzando poco después su primer álbum, *Si Boops Deh!*, que incluía los singles "Boops" y "Cry fi de youth".

El salto al estrellato internacional le llegaría cuando a comienzos de los años noventa Super Cat se trasladó a Estados Unidos y firmó contrato con el sello Columbia, con el que abrió relaciones mediante el disco *Don Dada* (1992), lo más relevante de su no muy extensa e irregular discografía. La buena racha continuaría dos años después cuando otra major, Sony, publicaba *The Good, the Bad, the Ugly and the Crazy*, álbum en el que también participaban Nicodemus, Junior Demus y su hermano Junior Cat.

Además, durante aquella misma década, Super Cat consolidaría su nombre con una retahíla de singles, entre los que caben destacar "Ghetto red hot", "Dolly my baby" y "Girlstown", éxitos también en las listas de rap estadounidenses.

Tras algún tiempo alejado de la actividad musical, Super Cat regresaría en 2009 con una actuación celebrada en el Madison Square Garden junto a Buju Banton y Barrington Levy. A partir de entonces, Super Cat se ha convertido en una figura respetada por las nuevas generaciones de músicos y aficionados y actuando en eventos previamente escogidos, como el festival Reggae on the Bay, en mayo de 2014.

T

Third World
Reggae pop de primer orden

Más de cuatro décadas después de haberse formado en Kingston y bajo el liderazgo de Stephen 'Cat' Coore y Richard Daley, Third World comenzaron su trayectoria musical al cobijo del productor Geoffrey Chung (Abyssinians, Heptones, Peter Tosh, Pablo Moses...), con el que grabaron varios temas, no publicados, que precedieron a su primer sencillo de 1974, "Railroad track", en una época en la que se ganaban la vida actuando en hoteles y pequeños locales, aunque llegando a telonear a los Jackson 5 cuando éstos actuaron en el Jamaican National Stadium.

Tras firmar con Island Records y girar por Europa con los Wailers, en 1976 la banda publicó su opera prima, *Third World*, un trabajo de excelen-

te factura, al igual que los si-
guientes discos publicados du-
rante el resto de la década: *96°
In the Shade* (1977), *Journey to
Addis* (1978) y *The Story's Been
Told* (1979).

Precisamente, a este período
pertenece el mayor éxito de su
carrera, "Now that we found
love", versión del clásico de los
O'Jays que incluyeron en *Jour-
ney to Addis* y que interpretarían junto a Stevie Wonder en la edición de 1981
del festival Reggae Sunsplash. Las contínuas entradas y salidas de miembros
afectaría a los logros de sus posteriores trabajos de los años ochenta, aunque
de esta década merece recordarse el sobresaliente *Sense of Purpose* (1985),
penúltimo de sus grandes títulos, previo a *Commited* (1992), que se alterna-
ron en el tiempo con el éxito comercial de otros discos como *You've Got the
Power* (1982), *Serious Business* (1989) o *Generation Coming* (1999).

No obstante, y más de cuarenta años después de su formación, Third
World continúan con su singladura musical en plena forma, como lo demuestra el álbum *Under the Magic Sun*, publicado en el mes de junio de
2014 y número 12 en las listas de álbumes reggae de Estados Unidos.

Toots & The Maytals
La inagotable voz de 'Toots' Hibbert

Una de las más clásicas y respetadas formaciones vocales jamaicanas, formada en 1961 por Frederick Nathaniel 'Toots' Hibbert (10 de diciembre
de 1945, May Pen, Jamaica), Henry 'Raleigh' Gordon y Nathaniel 'Jerry'
McCarthy.

Sus primeras grabaciones, bajo el nombre de The Maytals, fueron una serie de singles al uso en los que contaron con los Skatalites como músicos de
acompañamiento y que fueron producidos por Clement 'Coxsone' Dodd,
aunque hasta 1966, año en que Hibbert fue encarcelado por posesión de
drogas, también trabajarían con Prince Buster y Byron Lee.

Tras salir de prisión, Hibbert y sus compañeros volvieron a reunirse bajo el definitivo nombre de Toots & The Maytals, contando con Leslie Kong como productor, asociación de la que saldrían éxitos como "54-56 that's my number", "Pressure dog" y el clásico "Do the reggay", a los que hay que sumar su primer éxito internacional, "Monkey man".

En 1972 el grupo participó en la banda sonora de la película *The Harder They Come*, que incluía dos temas suyos, "Sweet and dandy" y "Pressure drop".

A mediados de los años setenta, el trío alcanzaría la cúspide de su discografía con dos discos fundamentales, *Funky Kingston* (1973) e *In the Dark* (1976), que les llevarían a ser reivindicados especialmente en el Reino Unidos durante la etapa 2-Tone, en la que grupos como Specials o Clash grabaron versiones de sus temas ("Monkey man" y "Pressure drop", respectivamente).

Tras algunos años alejados de la música, en la década de los noventa la formación regresaría a la actividad tanto sobre los escenarios como discográfica, consiguiendo en este segundo ámbito un resurgimiento tan notable que en 2004 ganarían el Grammy al Mejor Álbum de Reggae por *True Love*, número 2 en Estados Unidos y disco en el que colaboraron artistas como Eric Clapton, Jeff Beck, Willie Nelson, Keith Richards, Ben Harper o Bunny Wailer. Este reconocimiento de compañeros e industria significaría un nuevo impulso para sus siguientes trabajos (sus álbumes *Light Your Light*

-2007- y *Reggae Got Soul: Unplugged On Strawberry Hill* – 2013-, fueron Top 10 en Estados Unidos), así como la confirmación de su enorme aportación a la música jamaicana.

Peter Tosh

Heredero al trono

Peter Tosh (Winston Hubert Mackintosh, 19 de octubre de 1944, Westmoreland – 11 de septiembre de 1987, Kingston), llegó a estar considerado como el sucesor al trono del reggae tras la muerte de Bob Marley, su viejo amigo y compañero en los Wailers.

Tosh se movió en la industria musical de abajo a arriba, comenzando en los años sesenta, grabando entonces canciones publicadas por pequeños sellos locales. Luego formaría los Wailers, junto a Marley y Bunny Livingston, con los que estaría hasta 1973, año en que el grupo publicó *Burnin'* y pasó a manos de Marley. Con el paso del tiempo, los temas de Tosh habían dejado de colarse en el cancionero de los Wailers y, por tanto, optó por seguir en solitario, iniciativa que en 1976 y 1977 dio lugar a la publicación de dos álbumes indispensables, el fundamental *Legalize It*, que conceptualizaba la legalización de la marihuana, y *Equal Rights*.

Estas dos grabaciones supusieron para Tosh un espaldarazo internacional encomiable, captando la atención de los mismísimos Rolling Stones, quienes lo ficharon para que abriese sus conciertos de 1978 por Estados Unidos y que Mick Jagger se le ofreciese para interpretar a dúo el tema ""Don't look back"", incluido en el álbum de Tosh *Bush Doctor* (1978).

El vínculo con los Stones incluiría también grabar para el sello de sus Satánicas Majestades, siendo *Mystic Man* (1979) el disco que abriría el acuerdo, con mejores resultados comerciales que artísticos, lo contrario que sucedería con su álbum de 1983 *Mama Africa*, que coincidió con la faceta de activismo social que Tosh desarrolló en Jamaica. Lamentablemente, el 11 de septiembre de 1987 Tosh, junto a dos amigos suyos, fue asesinado en su casa de Kingston por tres individuos que entraron a robar.

Posteriormente han ido apareciendo varios discos que recogen la esencia de Tosh en directo, de los cuales cabe recomendar *Live at the One Love Peace Concert* (2000) y *Complete Captured Live* (2002).

UB40

Reggae mainstream

Formación originaria de Birmingham, Gran Bretaña, máximos exponentes del reggae con claras matizaciones pop y en cuyos inicios se caracterizó por su compromiso político-social. De hecho, el nombre de la banda correspon-

de al del formulario que había que cumplimentar para solicitar el subsidio de desempleo en Inglaterra.

Los hermanos Ali y Rob Campbell, junto a Jim Brown, Earl Falconer y Brian Travers, dieron vida a UB40 en 1977, siendo descubiertos dos años después por Chrissie Hynde, la líder de Pretenders, quien les propuso ser los teloneros de la inmediata gira de su grupo. Tras publicar en abril de 1980 su primer single, "King", número 4 en Inglaterra y medio millón de copias vendidas, aquel mismo año aparecería su primer disco, *Signing Off*, uno de los mejores trabajos de su discografía, que alcanzó el número 2 en las listas.

Tras montar su propia discográfica, DEP International, al año siguiente saldría al mercado *Present Arms*, que contaría con su propia edición dub (*Present Arms in Dub*). Tras *UB44* (1982), que cosechó malas críticas por parte de la prensa especializada, en septiembre de 1983 el single "Red red wine" se colocó en el número 1 (en Estados Unidos lograría ese puesto en

1988), posición que también logró el álbum al cual pertenecía, *Labour of Love*, así como en 1985 la versión "I got you babe", interpretada a dúo por Ali y Chrissie Hynde (en 1988 se produciría la segunda colaboración Hynde-Campbell mediante el tema "Breakfast in bed") y en 1987 la recopilación *The Best of UB40 Vol. I*. A este período corresponden también dos de los mejores discos de UB40, *Geffery Morgan* (1984) y *Rat in the Kitchen* (1986).

Lamentablemente, aquel mismo 1987 fallecería en accidente de coche Ray Pablo Falconer, ingeniero de sonido de la banda y hermano de Earl, que conducía el automóvil con una tasa de alcohol que doblaba la permitida, por lo que fue condenado a seis meses de cárcel. Su reclusión obligó al grupo a substituirlo durante la siguiente gira mundial.

Tras la apuesta comercial asegurada con *Labour of Love II* (1989), en 1993 vería la luz *Promises and Lies*, que incluía otro tema popular: la versión de "Can´t help falling in love", que en 1961 Elvis Presley había popularizado y grabado como parte de la banda sonora de la película *Blue Hawaii*.

Con la llegada del nuevo milenio, UB40 se afianzarían como uno de los referentes más sólidos de la música británica, compaginando discos basados en la interpretación de viejos temas con otros de carácter recopilatorio, lo que les ha permitido entrar en diversas ocasiones en el Top 10 de álbumes de música reggae en Estados Unidos, gracias a trabajos como *Who You Fighting For?* (2006), *Greatest Hits* (2008) y *10 Great Songs* (2013).

The Upsetters

Músicos de sesión con identidad propia

Banda creada y apadrinada por el productor Lee 'Scratch' Perry, que en realidad aglutinaba a los miembros de la Gladdy's All Stars, liderada por el pianista Gladstone Anderson y de la que formaban parte Jackie Jackson (bajo), Winston Wright (teclista). Hux Brown (guitarra) y Winston Greenan (batería).

El primer éxito de los Upsetters fue el sencillo de doble cara A "Return of Django"/"Dollar in the teeth", que llegó al número 5 en las listas de singles británicas a finales de 1969. El prestigio de algunos de los músicos que pasarían los Upsetters fue tal que algunos formarían parte de los Wailers de Bob Marley, caso de los hermanos Aston y Carlton Barrett. Tras la marcha de

éstos en 1972, Perry reformaría la formación, que pasaría a llamarse Black
Ark Upsetters e incluía a músicos de
talento como Boris Gardiner, Sly
Dunbar o Earl 'Chinna' Smith.

La discografía de los Upsetters
comprende una decena de títulos de
factura sobresaliente, de entre los que
cabe destacar *The Good, The Bad and
the Upsetters* (1970), *Eastwood Rides
Again* (1971) y *Super Ape* (1976).

U-Roy

El hombre que inventó el rap

Nacido como Ewart Bckford de 1942 en Jones Town, U-Roy es un cantante pionero en su momento del toasting, por lo que algunos lo consideran
como uno de los precursores del actual hip-hop.

Influido por Count Matchuki, reconocido como el primer DJ jamaicano,
en 1961 U-Roy inició su carrera musical en los sound systems de Dickie

Wong's, Sir George the Atomic, 'Coxsone' Dodd y King Tubby's Home-town Hi-Fi, en los que colaboró a lo largo de los años sesenta, período al que también corresponden tres de sus singles más legendarios: "The ugly one", "Dynamic fashion way" y "Earth's rightful ruler".

Ya en los setenta, a U-Roy le llegaría su gran oportunidad por mediación del cantante Johnny Holt que le puso en contacto con 'Duke' Reid, quien interesado por su estilo interpretativo aceptó grabarle dos nuevos singles, "Wake the town" y "Wear you to the ball". Estos temas le proporcionarían renombre entre la comunidad musical jamaicana, pasando a ser requerido por productores de la talla de Bunny Lee o Alvin Ranglin, así como el poder llevar a cabo en 1972 su primera gira por Gran Bretaña, en la que comparti-ría cartel con Roy Shirley y Max Romeo.

Cuatro años después, U-Roy se consolidaría a ambos lados del Atlántico gracias al álbum *Dread in a Babylon*, del que se extraería el sencillo "Ru-naway girl", seguido en los siguientes meses por otros tres títulos que con-forman el núcleo central de su discografía: *Natty Rebel* (1976), *Rasta Ambas-sador* (1977) y *Jah Son of Africa* (1977).

Ya en 1978, U-Roy se convertiría en el protector de una nueva genera-ción de toasters gracias a la creación de su propio sound system, Stur Gav, una contribución a la cultura jamaicana nada baladí, ya que U-Roy sería reconocido en 2007 por el propio gobierno de su país, concediéndole la Orden de Distinción.

Bunny Wailer
Otro gran león

Neville O'Riley Livingston (10 de abril de 1947, Kingston), fue uno de los miembros originales de los Wailers, junto a Bob Marley y Peter Tosh, des-de 1963 y hasta 1973, cuando Wailer pasó a asumir su propia carrera en solitario tras identificarse con el movimiento rastafari. Iniciada en 1976 y hasta la llegada de los años noventa, su discografía es paradigma del de-

nominado roots reggae, con títulos
indispensables como su opera prima,
Blackheart Man, una auténtica obra
maestra, a la que seguirían en la siguiente década otros álbumes destacables como *Rock'n'Groove* (1981), *Roots
Radics Rockers Reggae* (1987) o *Liberation* (1989).

Con la llegada de los años noventa,
Wailer vería reconocida su aportación
al reggae tanto en términos comerciales, sus discos *Time Will Tell* (1990) y
Gumption (1991) serían Top 10 en la listas de música reggae de la revista
norteamericana *Billboard*, además de como por parte de la industria discográfica, que le otorgaría tres premios Grammys por sus álbumes *Time Will
Tell, Crucial! Roots Classics* (1994) y *Hall of Fame: A Tribute to Bob Marley's
50th Anniversary* (1996).

Aunque en su momento abandonó los Wailers por el aclaparador talento
e imagen de Bob Marley, Wailer, precisamente, ha demostrado ser uno de
los más acérrimos defensores del adalid del reggae, con declaraciones en las
que acusaba a Rita Marley, de ser la causante de su fallecimiento de su mari-
do, al administrarle un producto radiactivo para su curación in extremis, así
como de la posterior malversación de su fortuna.

The Wailing Souls
Éxito trabajado durante décadas

Formados en 1964, bajo el nombre The Renegades, por Winston 'Pipe'
Matthews, Lloyd 'Bread' McDonald y George 'Buddy' Haye, los Wailing
Souls comenzaron su trayectoria musical como grupo vocal de acompaña-
miento, en unos años en los que además de publicar un primer sencillo,
"Lost love", grabaron varios temas inéditos bajo la producción de Clement
'Coxsone' Dodd. Finalmente, en 1968, ya sin Haye, adoptaron el nombre
definitivo de The Wailing Souls, entrando en la formación Oswald Downer
y Norman Davis.

No obstante, y para evitar confusiones con los Wailers, durante los primeros años los Wailing Souls publicaron algunos singles bajo otros nombres, como The Little Roys, The Classics o Pipe and the Pipers.

Tras la reentrada de Downer y Davis en 1974, a mediados de los años setenta los Wailing Souls consiguieron una serie de éxitos bajo la producción de Joseph Hoo Kim, como "Back biter", "Things and time", "Jah Jah give us life", "War", "Bredda Gravalicious" o "Feel the Spirit", al mismo tiempo que en 1978 su álbum *Wild Suspense*, un título magistral formado por remezclas de algunas de sus canciones más conocidas, les daba a conocer a nivel internacional gracias a la distribución que de él hizo el sello Island.

Con la llegada de los años ochenta, el grupo colaboró con distintos productores de prestigio, como Henry 'Junjo' Lawes o Linval Thompson, llegando a trasladarse por primera vez, entre 1981 y 1984, a Estados Unidos, con la intención de triunfar en ese mercado. Como esto no sucedió, los Wailing Souls optaron por regresar a Jamaica y en 1986 iniciaron una nueva etapa.

A comienzos de los años noventa, la banda volvió a probar fortuna en Estados Unidos, logrando, ésta vez sí, el reconocimiento que buscaban. Tras firmar con Sony, su disco *All Over the World* (1992) recibió una nominación en los premios Grammy, logro que volverían a repetir con *Psychedelic Souls* (1998) y *Equality* (2000), dos de los trabajos más destacados de su extensa discografía, que en la actualidad siguen defendiendo ocasionalmente sobre los escenarios los veteranos Winston 'Pipe' Matthews y Lloyd 'Bread' McDonald, como se pudo comprobar en Europa a finales de 2015 durante la gira itinerante Rototom Sunsplash.

Y

Yellowman

El hombre de hierro

Nacido en Negril el 15 de enero de 1956 como Christian Winston Foster, Yellowman es uno de los más talentosos y pintorescos DJ de dancehall que vivió en los ochenta sus años dorados.

Diestro en el arte del toasting, Yellowman se hizo popular tanto por su aspecto albino como por los textos de sus canciones, especialmente por aque-

llas cuyos contenidos giraban en torno a la sexualidad explícita. Su desenvoltura en escena se debía en buena parte a su interés durante su infancia por artistas tan histriónicos como Elvis Presley o Neil Diamond, aprendiendo las nociones musicales gracias a su paso por la Alpha Boys School. No obstante, U-Roy sería su héroe a la hora de decidirse por el toasting, que empezó a interpretar en el sound system Gemini.

Tras ganar en 1979 el concurso para artistas noveles Tastee Talent Contest, Yellowman se convertiría rápidamente en un fenómeno en Jamaica, publicando en 1982 el álbum *Mister Yellowman*, el primero de una discografía que contiene títulos cardinales para el dancehall, como *Nobody Move Nobody Get Hurt* (1984), *Galong Galong Galong* (1985), *Yellow Like Cheese* (1987), *The Negril Chill* (1987), *Yellowman Rides Again* (1988), *One in a Million* (1989) o *Freedom of Speech* (1997).

Luchador incansable contra las adversidades que le ha deparado la vida (infancia en orfanatos, diagnosticado de cáncer en 1982 y un delicado estado de salud en la actualidad), Yellowman mantiene una intensa actividad en directo, habiendo llegado a ofrecer a lo largo de 2015 una cuarentena de conciertos en Estados Unidos, cifra que confirma la vigencia de su carrera entre las nuevas generaciones de aficionados al dancehall.

Z

☮

Tapper Zukie

En la trinchera de la industria musical

Nacido como David Sinclair en 1955 en Kingston, Tappa Zukie es un influyente DJ y productor de reggae que hizo sus pinitos musicales en Gran Bretaña de la mano del productor Bunny Lee, quien le consiguió el poder actuar como telonero de U-Roy en 1973. Aquel mismo año, aún todavía con el alias de 'King Topper', Zukie grabó y publicó su primer single, "Jump & twist", además de los temas que acabarían formando parte de su primer elepé, *Man Ah Warrior*, producido por Clement Bushay (Soul Rebels, Dillinger, Junior English, Louisa Mark...) y distribuido por el sello Count Shelly.

El disco le valió el reconocimiento de la comunidad caribeña británica, por lo que a pesar de su retorno temporal a Jamaica, Zukie regresó a Londres en 1975 para grabar su siguiente trabajo, *MPLA* (1976), que le sirivió para darse a conocer a un mayor número de aficionados, entre los que se encontraba la cantautora estadounidense Patti Smith, quien le ficharía para abrir sus tres conciertos del mes de mayo en el Roundhouse de Londres. Por entonces, Zukie inauguraría su propio sello discográfico, Stars, iniciando su carrera como productor y abocándose al trabajo en estudio para ampliar su propia discografía, lo que en éste último caso daría como resultado la publicación en 1977 de dos álbumes dub, *Escape From Hell* y *Tapper Zukie In Dub*, y otros dos más en 1978, *Peace In The Ghetto* y *Tapper Roots*, éstos dos distribuidos por Frontline, sello subsidiario de Virgin Records. Precisamente a *Tapper Roots* pertenece el mayor éxito de Zukie, el tema "Oh Lord", que llegó a estar mes y medio en lo más alto de las listas jamaicanas.

A partir de los años ochenta Tapper Zukie se centraría en la labor de producción, trabajando con artistas como Mighty Diamonds, Max Romeo o Sugar Minott.

☮

4. Los discos

Abyssinians

Satta Massagana (1976)

Considerado por muchos como una de las grabaciones más representativas del reggae roots, la piedra angular de *Satta Massagana* es precisamente el tema que le da título, un corte de tres minutos y medio imbuido de una espiritualidad tan desbordante que, de hecho, en la actualidad se canta en algunos círculos rastafaris durante los servicios religiosos. La pieza, escrita originalmente por Bernard Collins y los hermanos Lynford y Donald Manning en 1968 y que fue grabada en el legendario Studio One en 1969, no conseguiría popularidad hasta que fue incluida en este álbum, convirtiéndose entonces en corte ineludible en todos los sound systems de Kingston, que apreciaban la hábil combinación de bajo pesado, batería 'one-drop' y sección de vientos potente, engalanado todo ello por las voces de los Abyssinians, quienes cantan en inglés y en amárico, lengua que se habla en el norte y centro de Etiopía.

Satta Massagana, expresión que significa 'Dar gracias', contiene también otras piezas de gran calibre, como "Declaration of rights" o "Y mas gan", referencias del sonido del reggae como se lo conoce en la actualidad y que Clive Hunt también supo matizar desde su responsabilidad como productor, amén de ser miembro de la sección de vientos y propietario, junto a Geoffrey Chung (que toca los teclados en algunos temas), del sello que distribuyó inicialmente el disco, Pentrate Label.

Alpha Blondy
Apartheid Is Nazism (1985)

En el tercer disco del cantante nacido en Costa de Marfil como Seydou Koné, quedan, con total transparencia, expuestas tanto sus opiniones políticas como sus creencias espirituales, coloreadas con una instrumentación que renovaba la amalgama de sonoridades que entonces manaban de Jamaica, con robustos bajos reggae, diversos estilos de guitarra en clave de rock y percusión africana.

Por ejemplo, la canción que da título al álbum es un acto de protesta mediante el que reclama a Estados Unidos su implicación en la situación apartheid que vivía por entonces Sudáfrica, mientras que "Sebe Allah y'e" es una muestra de amor hacia Dios.

Apartheid Is Nazism, además de prueba de que el reggae más selecto no tiene porqué producirse única y exclusivamente en Jamaica, es una muestra de lo que podría denominarse como música global, puesto que sus nueve temas están interpretados en inglés, francés, árabe, hebreo y dioula, lengua ésta última hablada en países del Continente africano como Burkina Faso, Ghana, Mali y Costa de Marfil.

El éxito en su momento de *Apartheid Is Nazism* fue tal que muchos vieron en Alpha Blondy el heredero al trono dejado por Bob Marley y, de hecho, para su siguiente trabajo discográfico, *Jerusalem*, de 1986, se hizo acompañar de los Wailers.

Horace Andy
In The Light (1977)

Después de tres discos interesantes, de los que destacaba el segundo, *Skylarking* de 1972, no en vano rezumante de la atmósfera del Studio One, en 1977 Horace Andy se mudaba a Estados Unidos y se dejaba guiar por Everton Da Silva (Horace Andy, Augustus Pablo, Jacob Miller...), productor que fallecería trágicamente tres años más tarde.

Aunque se considera su siguiente trabajo, *Pure Ranking*, de 1978, como parte de la antesala del dancehall, estilo en el que Horace también dejó su impronta con *Dance Hall Style*, de 1982, *In The Light*, que contó con su versión dub, es uno de los mejores ejemplos de roots reggae, con piezas tan significativas como "Do you love my music" o "Government land".

Grabado en los estudios Harry J's de Kigston y A&R de Nueva York, este álbum, distribuido por el sello Hungry Town (The Immortals, Roman Stewart, Prince Mohammad...) contó con las colaboraciones de Augustus

Pablo en algunos teclados y del guitarrista Andy Bassford, colaborador de Bob Marley, Yellowman y Toots & the Maytals.

Aswad
A New Chapter Of Dub (1982)

Con la consolidación de la banda a comienzos de los años ochenta, asumiendo los mandos de ésta Brinsley 'Dan' Forde, Angus 'Drummie Zeb' Gaye y Tony 'Gad' Robinson, Aswad, nombre que en árabe significa 'negro', pasaron a convertirse en uno de los referentes más comerciales del reggae, lo que se materializó en su álbum de 1981, *A New Chapter*, y aún más con la versión dub de éste mismo a cargo de Mikey Dread (acreditado en el álbum como 'Michael Reuben Campbell'), productor asimismo de la versión original, la cual vería la luz un año después.

Las ansias por expandir su música por todo el mundo continuaría durante el resto de los años ochenta, durante los cuales lanzaron versiones de temas anteriormente publicados por Tina Turner ("Don't turn around", cuya revisión por los británicos entró en el Top 50 estadounidense), Eagles ("The best of my love") y Police ("Invisible sun").

A New Chapter of Dub resulta un momento clave en la discografía de la formación oriünda del oeste de Londres, en el que las influencias del rhythm & blues y el soul adquieren cotas brillantes, dando lugar cortes que marcarían la electrónica y el dancehall de los años noventa, como "Flikaflame", "Shining dub", "Zion I" o "Ghetto in the sky".

Buju Banton
Voice Of Jamaica (1993)

Ejemplo de lo que muchos califican como 'reggae fusion', *Voice of Jamaica* fue el tercer disco en la discografía del polémico Buju Banton y el primero que apareció a través de la major Mercury, aunque curiosamente la distribución a escala internacional del disco no tuviese lugar hasta 2002.

Voice of Jamaica alberga las colaboraciones de artistas tan relevantes como Wayne Wonder ("Commitment"), Busta Rhymes ("Wicked act"), Tony Rebel ("Tribal war") o Beres Hammond ("A little more time"), además de contar en su producción con nombres como Donovan Germain, Steely & Clevie, Sly Dunbar y el ya citado Busta Rhymes, siendo éstos dos últimos decisivos en la composición de varios temas.

La extensión de la nómina de colaboradores corrió a la par del interés tanto del sello Mercury como del propio Banton, quienes echaron desde sus respectivas posiciones el resto en esta grabación que contiene tracks tan imprescindibles como "Deportees", que trata de los emigrantes jamaicanos; "Tribal war" y "Wickedact", que abogan por el fin de la violencia, o "Willy, don't be sally", en alusión a la práctica del sexo seguro. Una defensa ésta última tan loable como despreciable había sido el contenido de "Boom bye bye", tema que Banton había publicado un año antes y que cargaba contra el colectivo homosexual.

El alcance de *Voice of Jamaica* permitió que Banton lo presentase con éxito por Europa y Japón, consiguiendo de paso colarse en el Top 50 de la lista de álbumes rhythm & blues y en el Top 5 de los de reggae de Estados Unidos.

Big Youth
Screaming Target (1972)

Álbum de debut de Manley Augustus Buchanan, alias Big Youth, *Screaming Target* contó en la producción con Augustus 'Gussie' Clarke, amigo de la infancia de Big Youth y productor desde los años setenta de artitas de primera fila del reggae, como Aswad, Dennis Brown, Gregory Isaacs, Freddie McGregor, Shabba Ranks o The Mighty Diamonds.

Screaming Target estaba destinado a ser un larga duración de éxito, puesto que aglutinaba algunos de los singles previamente publicados por el vocalista de Trenchtown, como "Tippertone rock", "The killer" o la pieza que da nombre al disco, además de apropiarse de los ritmos que Clarke había utiliado en grabaciones de otros artistas, como es el caso de "Pride and joy rock" (extraída de "Pride & ambition", de Leroy Smart) o "Be careful" (basada en "In their own way", de Dennis Brown). Tras su lanzamiento en Jamaica a través de los sellos Gussie y Jaguar, en 1973 el disco llegaría a Gran Bretaña gracias a Trojan y desde entonces está considerado como pináculo de la discografía del reconocido como creador del DJ style y de uno de los primeros artistas que mostró públicamente sus creencias rastafaris.

Black Uhuru
Red (1981)

Grabado a caballo entre los estudios Channel One Studio de Kingston y Compass Point de Nassau (Bahamas) y publicado en el mes de mayo de 1981 por el sello Mango (aunque su distribución internacional correría a cargo de Island Records), *Red* fue el segundo álbum en el que en el seno de esta banda de Kingston coincidían Derek 'Duckie' Simpson, Michael Rose y la norteamericana Sandra 'Puma' Jones (fallecida en 1990). En él, además, volvieron a repetir en las tareas de producción el batería Sly Dunbar y el bajista Robbie Shakespeare, quienes ya se habían encargado de los anteriores también encomiables *Showcase* (1979) y *Sinsemilla* (1980).

El cúmulo de afinidades entre todos los citados daría lugar a cortes clásicos como "Youth of Eglinton", "Puff she puff" o "Sponji reggae", viéndose todo el disco amasado con las hábiles letras de Rose, mezcolanza de reivindicación espiritual y social, y el sonido de sintetizadores y baterías electrónicas, que en parte ayudaron a defirnir las pautas bajo las cuales evolucionaría el reggae durante la primera mitad de los años ochenta, hasta el extremo que durante un tiempo recayó en Black Uhuru la corona de nuevos mesías del reggae, tras el fallecimiento de Bob Marley, algo que la industria musical quiso reconocérles cuatro años después oncediéndole el Grammy al Mejor Álbum por *Anthem*, sorprendentemente uno de sus títulos menos logrados.

Bounty Killer
My Xperience (1996)

Bounty Killer adquirió renombre internacional durante los años noventa como uno de los mejores representantes del dancehall. Muestra de ello, a finales del verano de 1996 apareció publicado *My Xperience*, su séptimo larga duración, formado por una veintena de temas para los cuales el intérprete de Kingston se hizo rodear de una especie de 'all stars' formado por músicos y arreglistas jamaicanos y norteamericanos.

Pertenecientes al primer grupo, al de músicos, nos encontramos con The Fugees ("Hip-hopera"), Busta Rhymes y Junior Reid ("Change like the weather"), Barrington Levy ("Living dangerously"), Beenie Man y Dennis Brown ("Revolution, pt 3"), Jeru the Demaja ("Suicide or murder") o Raekwon ("War face"), por citar algunos, mientras que en el de productores hay que citar a Sly Dunbar, King Jammys, RZA, Erick Sermon, Robbie Shakespeare o Wycleaf Jean, también entre otros muchos.

My Xperience fue el pináculo de la discografía de Bounty Killer, entrando en el Top 30 de la lista de rhythm & blues y el número 1 de la de reggae de Estados Unidos, logros derivados tras el alcance del corte "Hip-hopera", que se coló con facilidad en el circuito hip-hop norteamericano.

Dennis Brown
Words Of Wisdom (1979)

Tras el éxito mundial que le habían deparado los dos álbumes publicados en 1977, *Vision of Dennis Brown* y *Wolf & Leopards*, en 1979 el malogrado Dennis Brown (1957-1999), llamado 'Príncipe del reggae', presentaba *Words of Wisdom*, producido por Joe 'Sir' Gibbs (Barrington Levy, Culture, Heptones, Micky Thomas...) y ensamblado por el ingeniero de sonido Errol Thompson (Peter Tosh, Culture, Black Uhuru, The Mughty Diamonds...).

No obstante, la labor de Gibbs fue más allá de la de simple productor, ya que los diez temas incluidos en la versión original del disco corresponden a su autoría, a excepción de "Ain't that loving", de Alton Ellis, y "Drifter", obra de Dennis Walk.

Lástima que en su momento, y a pesar de contener un 'hit' como "Money in my pocket", éxito en el verano de 1980 en Gran Bretaña, y de la consecuente gira promocional, *Words of Wisdom* no obtuviese la merecida respuesta por parte del gran público, que desaprovechó la oportunidad entonces, y aún hoy en día, de disfrutar de una voz calida, robusta y definitiva de la escena reggae.

Uno de los grandes títulos del denominado roots reggae, merced a piezas como "Black liberation", "Love Jah", "Rasta children" o "Cassandra".

Burning Spear
Marcus Garvey (1975)

Publicado en el mes de diciembre de 1975, el primer álbum que Burning Spear grabaron para el sello Island Record de Chris Blackwell fue *Marcus Garvey*, un homenaje al gran líder del movimiento rastafari que contaría con la correspondiente versión dub titulada *Garvey's Ghost* (1976).

El disco surgió a raíz de la colaboración inicial entre Winston Rodney y el desaparecido productor Lawrence 'Jack Ruby' Lindo (Justn Hinds, Foundation, Eart Messengers...), de la que surgió el tema "Marcus Garvey", el cual contó como músicos con distintos miembros de los Wailers y Soul Syndicate, mientras que para el resto del disco la banda que acompañó a Rodney, Rupert Willington y Delroy Hinds fueron los Black Disciples, explosiva reunión de hombres clave, como los guitarristas Earl 'China' Smith y Tony Chin, los bajistas Robbie Shakespeare y Aston Barrett y el batería Leroy Wallace.

El hecho de que fuese una grabación inspirada en la figura de Garvey, es decir, de arraigado calado cultural y espiritual, convenció al sello Mango, subsidiario de Island, de remezclarlo para adaptarlo a los gustos del público anglosajón. Una opción trivial, por no decir poco respetuosa, ante canciones como "Slavery days" o "The invasion".

Johnny Clarke
Rockers Time Now (1976)

Grabado bajo la producción de Bunny Lee en el popular estudio Channel One Recording de Kingston y mezclado en el estudio de King Tubby durante el mes de abril de 1976, *Rockers Time Now* apuntó maneras de disco antológico desde el mismo momento de su gestación, puesto que en su grabación participaron, a instancias de Lee, los Aggrovators como músicos de sesión, que en esta ocasión incluían, entre otros, a Robbie Shakespeare al bajo, Carlton Barrett a la batería, Earl 'Chinna' Smith a la guitarra y Augustus Pablo al piano. Canela fina.

En cuanto a la selección de temas, además del escrito por el propio Clarke, se incluyó material de Carlton Manning, "Satta-amassa-gana" y "Declaration of rights, publicadas aquel mismo 1976 por los Abyssinians en su álbum *Satta Massagana*, y de los Mighty Diamonds, "Them never love poor Marcus", uno de los cortes principales de *Rockers Time Now* e incluida también en el disco *Right Time*, que el trío publicó aquel mismo 1976.

Gracias a *Rockers Time Now* Clarke revalidó la consideración de 'Artista del Año' en Jamaica, gracias a su combinación de material inédito y versiones, así como de canción de raíces en las que muestra sus creencias rastafaris.

Jimmy Cliff
The Harder They Come (1973)

The Harder They Come fue una película, dirigida en 1972 por Perry Henzell, que narraba las vicisitudes de Ivanhoe Martin, personaje inspirado en Rhygin, un criminal jamaicano popular en los años cuarenta y al que Jimmy Cliff dio vida en la gran pantalla. El de Saint James, de paso, corrió con el encargo de la banda sonora, lo que no resultaría baladí, ya que a la postre se convertiría en nada menos que la tarjeta de presentación de la música reggae en Estados Unidos.

Lejos de ser un compendio de piezas originales, parte de *The Harder They Come* reunía canciones que previamente habían sido publicadas entre 1967 y 1972 por Melodians ("Rivers of Babylon"), Slickers ("Johnny too bad"), DJ Scotty ("Draw your brakes"), Desmond Dekker ("You can get it if you really want") y Maytals ("Sweet and dandy"), a las que el propio Cliff sumaría otros seis temas, entre los que destacan "The harder they come", el único tema original escrito exprofeso para el film, y la archiconocida "Many rivers to cross", pieza que el solista jamaicano incluyó en 1969 en su álbum *Jimmy Cliff*, producido por Leslie Kong, y que también grabarían después artistas como UB40, Cher o Annie Lennox. En 2003 la revista musical *Rolling Stone* calificó a *The Harder They Come* el número 119 de los '500 Discos Más Grandes de Todos los Tiempos'.

The Congos
Heart Of The Congos (1977)

Entre 1976 y 1977, el legendario Lee 'Scratch' Perry produjo *Heart of The Congos* en su estudio Black Ark, que él había construido en 1973 en su propia casa de Washingtn Gardens. El Black Ark era un estudio sencillo del cual, no obstante, saldrían los sonidos más innovadores de Jamaica hasta que en 1983 desaparecería pasto de las llamas.

Para este disco, de ejemplarizante roots reggae, Cedric Myton, Roydel Johnson, ambos autores de los diez temas, y Watty Burnett contaron como banda de acompañamiento la que a tal efecto les dispuso Perry, que incluía a Boris Gardiner al bajo (Upsetters, Aggrovators, Heptones, Marcia Griffiths...), Ernest Rangin a la guitarra (Jimmy Cliff, Prince Bsuter, Skatallites, Bob Marley...) y al popular Sly Dunbar, a la batería.

Junto a otros músicos reputados y la inspiración de Myton y Johnson, brillantes en piezas como "Congoman", "Solid foundation" o "Fisherman", Perry obró una obra maestra que ratificaba el merecido reconocimiento de genio de la producción que se le atribuye desde hace décadas. *Heart of the Congos* significó, por tanto, la perpetuación del estilo definido y hábil en la mesa de grabación de Perry, contemporánea de los entonces publicados *War Ina Babylon* (1976) y *Super Ape* (1976) de los Upsetters.

Culture
Two Sevens Clash (1977)

Los originalmente conocidos como African Disciples se estrenaron discográficamente en 1977 con *Two Sevens Clash*, producido por Joe Gibbs (Nicky Thomas, The Pioneers, The Heptones, Dennis brown...).

Las diez canciones que reúne este disco pretendían constituir una especie de augurio sonoro inspirado en las palabras del líder político Marcus Garvey, quien supuestamente habría pronosticado el apocalipsis el 7 de julio de 1977 (por el encuentro numerológico del día 7, en el mes 7 del año 77).

Esta interpretación también la hizo suya el malogrado cantante de la formación, Joseph Hill, a efectos de la inspiración con la que le devino la composición de la canción que da título al álbum, la cual se convertiría en todo un referente dentro del reggae.

Augurio erróneo aparte, *Two Sevens Clash*, que además contiene otras piezas de excelente factura como "See them come", "I'm alone in the wilderness" o "Natty dread take over", sería el comienzo de la etapa dorada de Culture, auspiciada por la producción del ya citado Gibbs, además de la desaparecida Sonia Pottinger, la primera mujer productora de Jamaica involucrada con artistas como Ethiopians, Melodians, Alton Ellis, Toots & the Maytals, Marcia Griffiths o Big Youth. Entre los músicos de sesión que participaron en *Two Sevens Clash* citar a los inevitables Sly Dunbar y Robbie Shakespeare, así como la sección de vientos formada por Herman Marquis, Vin Gordon, Tommy McCook y Bobby Ellis.

Dr. Alimantado
Best Dressed Chicken It Town (1978)

Opera prima de Winston Thompson, aka Dr. Alimantado, en la que se reúnen algunos de los singles que ya había sido publicados entre 1972 y 1977 y en los que habían trabajado eminentes productores como Lee 'Scratch' Perry, King Tubby y Scientist sobre las bases de clásicos como "Ain't no sunshine" de Horace Andy (que da lugar a "A quiet place"), "Ali Baba" de John Holt ("I killed the barber") y"Thief a man" y "My religion" de Greogry Isaac ("Gimmie mi gun" y "Unitone skank").

Merece también destacarse el homenaje que el cantante y DJ de Kingston rinde a Duke Reid en el tema "Tribute to Duke", para el cual se inspira en "Sitting in the park", pieza que en 1966 Georgie Fame había colocado en el Top 30 de la revista *Billboard* y en el número 12 de las listas británicas y que en 1965 había escrito el desaparecido pianista y cantante norteamericano de rhythm & blues Billy Stewart.

Best Dressed Chicken it Town no solo fue un éxito en Jamaica, sino que también se ganó el corazón no tan solo de los seguidores británicos reggae, sino incluso de los más fervientes punks de la época. A excepción del siguiente *Sons of Thunder* (1981), la discografía de Dr. Alimantado no volvería a alcanzar cotas musicales tan elevadas como con éste álbum, por lo que se retiraría del negocio discográfico a mediados de los años ochenta.

Desmond Dekker
You Can Get It If Your Really Want (1970)

El malogrado Desmond Dekker (1941-2006) alcanzó la fama internacional entre finales de los años sesenta y principios de la década siguiente gracias a una serie de canciones de éxito, como "Israelites" (1968), número 1 en

Gran Bretaña y Top 10 en Estados Unidos; "It mek" (1969), número 7 en Gran Bretaña, o "You can get it if you really want" (1970), un tema escrito por Jimmy Cliff, al igual que "That's the way life goes", también incluido en *You Can Get...*, y que le valdría a Dekker un nuevo éxito en Jamaica, Gran Bretaña y Estados Unidos, aunque en este último país a raíz de su posterior inclusión en la banda sonora de la película *The Harder They Come*.

"You can get it if your really want" sería el epicentro de éste álbum producido por Leslie Kong y Warrick Lyn (Maytals, Wailers, Jimmy London...) y distribuido por el sello Trojan Records, aunque en él también se daba cabida a otras piezas de excelente factura, tales como "Perseverance", "Coomyah" , "You got soul" o "Get up little Suzie", delicatessen de los melómanos reggae y en los que mucho tuvo que ver la buena labor en los arreglos del británico Johnny Arthey (Horace Faith, Teddy Brown, Blue Haze...).

Mikey Dread
Dread At The Controls (1979)

El desaparecido Mikey Dread (Michael George Campbell, 1954-2008), es uno de los más recordados cantantes y reconocidos productores de reggae, que se ganó su reputación precisamente a finales de los años setenta gracias a discos como *Evolutionary Rockers* (1979), *World War III* (1980) y muy especialmente *Dread at the Controls*, álbumes que llegaron en su momento a captar el interés de los británicos The Clash, a los que Dread produjo el sencillo "Bankrobber" y con los que colaboraría en varios temas de su álbum *Sandinista* (1980).

Aunque con el tiempo sería la versión dub de *Dread at the Controls*, grabado en el estudio de King Tubby y en el Channel One de los hermanos Hoo Kim, la que obtuvo mayor notoriedad entre el público fue la versión original, que posee toda la fuerza de las producciones clásicas de reggae, virtud que le otorga tanto la sección de viento (Vin Gordon y Felix Headley) como las labores en sus respectivos instrumentos de músicos de la talla de Augustus Pablo, Ansel Collins y Gladdy Anderson. Resultó inevitable que tanto talento junto forjase cadencias proverbiales que constituyen la base de magníficas composiciones como "Everybody needs a proper education", "Love the dread", "Step by step" o "Barber saloon".

Eek-A-Mouse
Wa-Do-Dem (1981)

Tras unos inicios por los que deambuló entre singles dispersos y sound systems y un primer álbum producido por Douglas Boothe, a finales de 1980

Eek-A-Mouse, alias de Ripton Joseph Hylton y padre del singjaying (combi-nación del toasting y el canto), se alió con el productor Henry 'Junjo' Lawes y grabó *Wa-Do-Dem*, disco, grabado en los estudios Channel One y King Tubby's, que incluía los singles "Virgin girl" y "Wa-do-dem" (el segundo originalmente producido por Linval Thompson), pero cuyo éxito también se vio afianzado por la excelente factura de otros cortes, como "Operation eradication" o "Ganja smuggling"; canciones todas ellas que le valieron al intérprete de Kingston encabezar la cuarta edición del festival Reggae Suns-plash, celebrada en Jarrett Park de Montego Bay, entre el 4 y el 8 de agosto de aquel mismo 1981.

Mezclada por Scientist, Prince Jimmy y Barnabas, para la grabación de los diez temas que dan forma a este ejemplo de dancehall, Mouse contó con el respaldo de los Roots Radics (Barrington Levy, Scientist, Gregory Isaacs, Mikey Dread...), la banda de músicos de Channel One que con el paso del tiempo cambiaría su nombre por el de Revolutionaires y después por el de Channel One Stars.

Alton Ellis

Mr. Soul Of Jamaica (1974)

Mr. Soul of Jamaica es una peculiar producción que reúne doce temas que el desaparecido Alton Ellis (1938-2008), 'el Padrino del Rocksteady', ha-bía grabado entre 1967 y 1970 en los estudios del sello Treasure Island, a las órdenes de Duke Reid, tras una etapa previa, a comienzos de los años sesenta, al servicio de otro gran productor jamaicano, Clement 'Coxsone' Dodd.

Mr. Soul of Jamaica es testimonio de unos años de efervescencia para la música jamaicana, en los que Ellis contó con la colaboración de los Flames en los coros y con Tommy McCook y los Supersonics como banda de acom-pañamiento.

De entre el material que presenta el álbum hay cuatro versiones altamente interesantes: "Ain't that loving you", "Willow tree" y las populares "What does it take", que Jr. Walker & All Stars habían publicado en 1968 a través de Tamla-Motown, y "You make me happy", que en 1967 Brenda Holloway tambíen había interpretado para el sello de Detroit y que dos años después Blood, Sweat & Tears llevaría al número 2 en Estados Unidos. La elección de estas dos últimas prueba la influencia que la música norteamericana tenía sobre los artistas jamaicanos, aunque éstos, lejos de mimetizarla, la regurgi-taron con un estilo incomparable.

The Gladiators
Trenchtown Mix Up (1976)

Este fue el álbum de debut de los Gladiators, formación que pivotó en torno a Albert Griffiths, Clinton Fearon y Gallimore Sutherland y que bajo la producción de 'Prince' Tony Robinson, llevada a cabo en los estudios de Joe Gibbs, pergeñaron esta grabación henchida de melodías y ritmos al servicio del trío vocal. Once composiciones entre las que se encuentran dos anteriormente ya registradas, "Mix up" (originalmente "Bongo red") y "Hello Carol".

Trenchtown Mix Up incluye también las encomiables revisiones de dos temas de Bob Marley, "Soul rebel" y "Rude boy ska", a las que contribuyeron en su ensalzamiento musical la participación de los inevitables Sly Dunbar, en la batería, y Lloyd Parks, al bajo.

Más allá de su sonido o de su producción, *Trenchtonw Mix Up*, entendido en ocasiones por sus letras como un compendio de parábolas, ha sorteado el paso del tiempo holgadamente, puesto que hoy en día todavía se le sigue considerando no tan solo como uno de los mejores trabajos de los Gladiators junto a *Proverbial Reggae*, publicado en 1978, sino también como uno de los grandes discos del reggae.

The Heptones
On Top (1969)

Tras publicar varios singles de éxito ("Pretty looks isn't all", "Get in the groove", "Be a man"...), manufacturados desde 1965, año de su formación bajo el nombre de The Hep Ones, en comandita con Clement 'Coxsone' Dodd, Leroy Sibbles, líder de la formación, Barry Llewellyn y Earl Morgan decidieron grabar un puñado de baladas con las que dar forma a su debut en elepé, conformándose con su publicación como uno de los eslabones cardinales en la transición del ska al rocksteady y de éste al posterior e inmediato reggae.

Doce canciones de cuidadas armonías vocales y ritmos pegadizos, sugestionadas por la música producida por aquel entonces en Estados Unidos, que además de la citada temática amorosa también aluden a referencias sociales, cuestión en la que el trío redundaría mediante su repertorio con el paso del tiempo.

On Top es un buen ejemplo del rocksteady clásico forjado en el Studio One, interpretado por una de las más significativas bandas jamaicanas, en el que coinciden temas del calibre de "Pure sorrow", "My baby is gone", "A change is gonna come" o "I hold the handle".

Inner Circle

Bad To The Bone (1992)

Tras la muerte de Jacob Miller en un fatídico accidente de circulación en 1980 y la ocasional publicación del álbum *Something So Good* en 1982, en 1986 los hermanos Ian y Roger Lewis decidieron reunir la banda con Calton Coffie como nuevo cantante y grabar en los estudios Circle Sound de Florida el disco que se conocería como *Black Roses* (1990).

No obstante, al año siguiente, bajo la producción de los hermanos Lewis y del teclista Touter Harvey, Inner Circle presentarían *Bad to the Bone*, también grabado en Florida, así como en los Lion & Fox Recording de Washington, tan inspirado como su predecesor, si bien de un alcance mucho más popular, ya que incluyó los singles "Sweat (a la la la la long)", Top 20 en Estados Unidos y número 3 en Gran Bretaña; "Rock with you", Top 100 en Estados Unidos, y, por circunstancias extracomerciales, "Bad boys".

Lo de la casuística extracomercial se explica por el hecho de que originalmente "Bad boys" formó parte del álbum del mismo título publicado en 1989, aunque en 1992 sería incluída en la edición estadounidense de *Bad to the Bone*, consiguiendo entonces el número 8, vender siete millones de copias en todo el mundo, un éxito inesperado debido a su inclusión como tema principal de la serie de televisión *Cops*.

Gregory Isaacs

Night Nurse (1982)

Grabado en los estudios Tuff Gong de Kingston (por los que han pasado Rita y Ziggy Marley, Sly & Robbie, Shaggy o Jimmy Cliff, entre otros), *Night Nurse* es el trabajo más conocido y sobresaliente del desaparecido Gregory Isaacs (1951-2010), para el cual contó con el apoyo instrumental de la Roots Radics Band (Eek-A-Mouse, Bunny Wailer, Israel Vibration...), formada por Errol Holt al bajo (que, además, comparte las labores de productor con Isaacs), Eric Lamont a la guitarra y Lincoln Scott a la batería.

El disco, a su vez, corresponde a la etapa dorada del cantante calificado como 'el artista más exquisito del reagge' (según el diario *New York Times*), quien tras fichar por Island Records (previo paso por Virgin Records y Charisma Records), aparecer en el legendario film *Rockers* (1978) e intervenir un año antes en el festival Reggae Sunsplash, accedió a la fama internacional con el tema que daba título al álbum, a pesar de un discreto paso por las listas de singles (número 15 en la lista de reggae de la revista *Billboard*), pues fue, en la práctica, el boca a boca lo que extendió por los clubs y emisoras alternativas las virtudes de *Night Nurse*. Después vendrían años en los que los problemas con las drogas no impedirían a Isaacs reunir una producción discográfica bastante extensa, pero sin el éxito de *Night Nurse*, clásico indiscutible del género.

Israel Vibration
The Same Song (1978)

A Lascell Bulgin, Albert Craig y Cecil Spence les unió en primera instancia la fatal circunstancia de coincidir en el hospital infantil Mona Rehabilitation mientras convalecían por culpa de la polio. Años después, a comienzos de los años setenta, sería la música, como expresión de la espiritualidad y cultura rastafari, la que volvería a unirlos bajo el nombre de Israel Vibration.

Tras un single inédito, "Bad intention" (1975), y el primer sencillo oficial, "Why worry" (1976), Israel Vibration se enfrentarían a la grabación de su primer larga duración, *The Same Song*, a las órdenes del productor Tommy Cowan (Jacob Miller, Inner Circle, Junior Tucker...).

Considerado como uno de los mejores álbumes de debut del reggae, *The Same Song*, al igual que su versión dub, *Same Song Dub*, concedió al trío prestigio internacional, además de facilitarles su entrada en el sello Harvest, subsidiario de EMI, que les tutelaría hasta la consideración de ser convertirse en uno de los máximos referentes del reggae a lo largo de los años ochenta.

En la nómina de músicos que participaron en *The Same Song*, figuras de la talla de Dean Fraser o Augustus Pablo, quienes repetirían en el siguiente *Unconquered People* (1980), otro de los títulos indispensables de Israel Vibration, junto a *Strenght of my Life* (1989).

The Itals
Brutal Out Deh (1981)

Bajo la producción en los estudios Channel One y Harry J's de los poco prolíficos Robert Schoenfeld y Leroy Pierson, los Itals pergeñaron en 1981 uno de los mejores títulos de reggae clásico, contando a tal efecto con músicos como Bobby Ellis y Tommy McCook en la sección de viento, Bo-Pee Bowen (Aggrovators, Roots Radics, Revolutionaires...) a la guitarra, y la omnipresente sección rítmica de Sly Dubar y Robbie Shakespeare.

Alvin Porter, Lloyd Ricketts y Ronnie David (actualmente en The Tennors), fueron uno de los mejores tríos vocales de Jamaica y una de las referencias indispensables del roots reggae y, sin embargo, no lograron la atención del gran público a los niveles conseguidos por correligionarios suyos como The Mighty Diamonds o Culture.

No obstante, dando cabida tanto a viejos como a nuevos temas para su debut discográfico en formato de elepé, los Itals sí que lograron una excelente recepción por parte de la prensa especializada de Estados Unidos y Gran Bretaña, que también ensalzarían su siguiente trabajo, *Give Me Power!* (1982). No obstante, se impone ligeramente éste su primer disco, que contiene gemas como "Brutal", "Temptation", "Rastafari chariot" o "Run baldhead run".

Linton Kwesi Johnson
Dread Beat An' Blood (1978)

Aunque publicado bajo el nombre de Poet & the Roots, *Dread Beat an' Blood* surgió del talento del 'poeta dub' Linton Kwesi Johnson y el apoyo musical de la banda liderada por Dennis Bovell y que completaban Lloyd Donaldson, Winston Curniffe, Desmond Craig, Everal Forrest, Vivian Weathers y John Varnom.

Para éste disco, Johnson, también conocido por su trabajo como periodista y crítico musical, se valió de algunos de los poemas aparecidos en su libro *Dread Beat an' Blood*, publicado en 1975, siendo plasmados musicalmente mediante potentes ritmos dub y una vocalización monótona e hipnótica; un estilo peculiar de reggae que sería bautizado como 'poesía dub', que también practicarían artistas como Oku Onuora, Benjamin Zephaniah o Lillian Allen.

Grabado en los estudios Gooseburry Sound de Londres, *Dread Beat an' Blood*, que daría lugar en 1979 a un documental de cuarenta y cinco minutos dirigido por Franco Rosso, es una hábil y detallada instántanea de la marginación y alineación a los que la sociedad británica sometía a los jóvenes negros británicos durante los años setenta. Del álbum, destacan brillantes y severas piezas de carácter social, como "It dread inna inglan", que versa sobre la falsa acusación por robo que recayó sobre George Lindo, o "Five nights in bleedin'", sobre la violencia esgrimida por la policía británica contra los jóvenes negros, sin olvidar "All wi doin' is defendin'", que muchos entienden como un augurio de los disturbios que sucederían en Brixton en 1981.

Dread Beat an' Blood es un manifiesto musicalizado con clara intencionalidad, siguiendo el principio del propio Johnson: *"La palabra es más inmediata y llega a más gente de lo que la poesía escrita puede hacer"*.

Barrington Levy
Shaolin Temple (1979)

La producción de Henry Lawes y las mezclas de Scientist ya hacen preveer que este disco, grabado en los Channel One Recording, es otro de los discos imprescindibles del reggae, a pesar de que inicialmente tan solo fue distribuido en Jamaica, país en el que en su momento pasó algo desapercibido, y de que cuando apareció en el mercado estadounidense a través de VP Records, a excepción de tres temas, "Looking my love", "Reggae music" y "Collie weed", lo hiciera bajo el título de *Bounty Hunter*.

El fortuito descubrimiento Levy por parte de Lawes, que se encargaría de la distribución comercial del disco a través de su sello Jah Guidance, en un sound system arrabalero lo dota de un aura extra. Y si añadimos el respaldo musical de los Roots Radics, poco más se debe añadir para recomendar *Shaolin Temple*, uno de los títulos que forjaron el génesis del dancehall.

Otra de las cualidades del disco es su capacidad para eludir el paso del tiempo más de tres décadas después de su grabación y que piezas como "Bounty hunter", "Wedding ring", "Looking my love" o "Shine eye girl" justifiquen la dilatada carrera del más que indispensable Levy, más reconocido por el público entendido que por la crítica musical.

Bob Marley

Catch A Fire (1973)

El quinto álbum de estudio de Bob Marley y los Wailers puso de la noche a la mañana a la banda en el centro del panorama musical internacional.

Catch a Fire abrió la veda de las obras maestras de Marley, artista que va mucho más allá de la música jamaicana, ya que a éste álbum le seguirían clásicos como *Burnin'* (1973), *Natty Dread* (1974), *Exodus* (1977) o *Uprising* (1980).

Letras atiborradas de reivindicación social con aspiraciones de un futuro sin opresiones, las armonías vocales del tridente Marley-Wailer-Tosh (de éste último se incluye los cortes "400 years" y "Stop that train") y una producción rica y a tono con los patrones del rock a cargo de Chris Blackwell (en la práctica responsable, en términos crematísticos, del posterior éxito de Marley en todo el mundo), permitieron una aparentemente tímida entrada en el negocio musical norteamericano, donde el álbum logró el puesto 171 de la revista *Billboard*. En realidad, *Catch a Fire* sería el cebo que capturó para siempre los oídos del gran público, al que –y éste es otro de los méritos y aportaciones de Blackwell a la carrera de Marley–, no habría podido engatusar las cintas originales (mezcladas en los Island Studios de la calle Basing de Londres, y mucho más 'puristas' que el álbum), tal y como salieron de las mesas de control de los estudios Dymanic Sound, Harry J's Recording y Randy's Studio en Kingston.

Los discos

Catch A Fire supondría un antes y un después en la industria musical jamaicana, ya que, tal y como había hecho en el verano de 1967 el *Sgt. Pepper's* de los Beatles, rompería con la tradicional costumbre de que los elepés editados fuesen un compendio de varios singles previamente publicados. O lo que es lo mismo: *Catch a Fire* reivindicó la conceptualidad en los discos de reggae.

Ziggy Marley & The Melody Makers
Concious Party (1988)

El hijo del irrepetible Bob Marley ha sabido encarar una carrera musical con dignidad y verdadero acierto, de la que la mayor parte de sus trabajos, con o sin el respaldo de los Melody Makers, resultan recomendables, como el inicial *Hey World!* (1986) o los posteriores *Joy and Blues* (1993), *Fallen is Babylon* (1997) o más recientemente *Fly Rasta* (2014).

Sin embargo, merece la pena sobre todos los citados *Concious Party*, producido por Chris Frantz y Tina Weymouth, antiguos batería y bajista, respectivamente, de Talking Heads, grupo del cual también participaría en la grabación el teclista Jerry Harrison.

De este disco, premiado con el Grammy al Mejor Álbum de Reggae de 1989 y Top 25 en Estados Unidos, fueron éxito las canciones "Tumblin'down", en cuya composición participó el reputado teclista Tyrone Downie (Black Uhuru, Peter Tosh, Alpha Blondy...) y "Tomorrow people", aunque también sobresalen por su inspiración otros como "Dreams of home" o "New love".

Señalar que entre los músicos que intervinieron en la grabación de este disco estuvieron Earl 'Chinna' Smith, que en 1976 había formado parte de los Wailers, y nada menos que Keith Richards, en el tema "Lee & Molly".

The Mighty Diamonds
Right Time (1976)

Otro clásico del denominado roots reggae, *Right Time* es el magistral álbum de debut del trío formado por Donald Shaw, Fitzroy Simpson y Lloyd Ferguson. En su momento, tuvo una gran repercusión en Jamaica y en los círculos underground de Londres, gracias a canciones como "Right time", "Shame and pride" o "Have mercy".

The Mighty Diamonds fueron los primeros artistas jamaicanos fichados por el sello Virgin, a cambio de un espectacular montante de 100.000 dólares. No es de extrañar, por tanto, que la discográfica del ahora multimillonario Richard Branson quisiera asegurarse la inversión, procurando la participación de los infalibles Sly Dunbar y Robbie Shakespeare, que elaboraron un inteligente y ambicioso entramado rítmico, y que la grabación se llevase a cabo, a las órdenes de Joseph Hoo Kim, en el estudio Channel One de la avenida Maxfield, en West Kingston.

Right Time recibió numerosos elogios, como el de *Rolling Stone* (*"uno de los más finos discos de reggae jamás publicados"*), si bien, y por otro lado, la revista los considerase a los Mighty Diamonds por aquel entonces la segunda mejor banda de Jamaica, tras Burning Spear.

Right Time logró tal repercusión y valió tal prestigio a sus autores que al año siguiente Mighty Diamonds volarían a Estados Unidos para trabajar junto al talentoso Allen Toussaint; sin embargo, con él grabaron un disco, *Ice and Fire* (1977), que no solo obtuvo una escasa relevancia comercial, sino que además fue entendido como un intento fallido de un grupo de músicos de Nueva Orleans en hacer reggae.

Jacob Miller
Who Say Jah No Dread (1992)

Tras una poco resolutiva experiencia artística bajo las directrices de Clement 'Coxsone' Dodd, Jacob Miller se puso a rebufo de Augustus Pablo en 1968, cuando intervino en la grabación de la canción "Love is a message" de los Swaby Brothers (Augustus y su hermano Garth), haciéndose formal y realmente efectiva la colaboración entre ambos en 1974.

Es entonces cuando se abre un capítulo especial dentro de la historia del reggae y del que es testimonio *Who Say Jah No Dread*, título que recopila las sesiones de grabación en los estudios Randy's y Dynamic de Kingston que Miller llevó a cabo a lo largo de dieciocho meses repartidos entre 1974 y 1975 y en las que tuvo a Augustus Pablo como productor y coautor, acreditado bajo su verdadero nombre Horace Swaby en seis de los temas que se incluyeron en el disco.

Por su parte, King Tubby sería el encargado de facturar la correspondiente edición dub, en la que destaca el tema "Baby I love yo so", cuyo dub mix titulado "King Tubby meets rockers uptown" está considerado como uno de los paradigmas del dub, gracias al acertado uso del eco y el reverb de Tubby.

A pesar del admirable resultado del tandem Miller/Pablo, estos no volverían a colaborar juntos debido a la entrada del primero en Inner Circle y por su posterior e imprevisto fallecimiento en 1980.

Junior Murvin

Police & Thieves (1976)

En el verano de 1976 las calles de Londres acabaron convirtiéndose en el escenario de altercados raciales entre jóvenes de origen jamaicano, flemáticos policías y *punks* instigados por la brutal detención de un carterista. Popularmente se escogió como banda sonora la canción "Police and thieves", interpretada por Junior Marvin, quien la escribió junto a Lee 'Scratch' Perry, y prohibida de inmediato por las emisoras generalistas británicas.

A pesar del veto, Chris Blackwell se apresuró a lanzar el disco de Murvin en Gran Bretaña, al mism otiempo que los combativos Clash grababan una versión del tema que incluirían en su disco de debut, *The Clash* (1977): *"Fue la primera vez que un blanco versioneaba un éxito reggae"*, declararía el líder del cuarteto, Joe Strummer. Sin embargo, el homenajeado Murvin no se mostraría en absoluto satisfecho con la revisión de su composición, llegando a afirmar que los Clash *"habían destruído el trabajo de Jah"*. Posteriormente, artistas como The Orb, Boy George o Dave Grohl también versionarían la pieza.

Por desgracia, tras el inesperado éxito de "Police and thieves", que tras formar pate de la banda sonora de la película *Rockers* (1978) subiría hasta el puesto 23 de las listas inglesas, Junior Murvin apenas lograría mantener el interés del público, a pesar de intentarlo tanto discográficamente, mediante sencillos como "Cool out son", "Bad man posse" o "Muggers in the street", como a través de varias giras internacionales.

Augustus Pablo

King Tubby Meets Rokckers Uptown (1976)

No es extraño que al ser un trabajo codo con codo del adalid de la melodica Augustus Pablo y del mago del dub King Tubby, éste sea una de las grabaciones puntales del dub. Un elogio que no se sustenta tan solo en la objetiva revalorización que concede el paso del tiempo, pues su grandeza ya se hizo palpable al poco de publicarse, pues a mediados de los años setenta sus autores ya se habían labrado una envidiable reputación.

Como ya se ha dicho, Jacob Miller hizo la versión estandard del corte que da título al disco, titulada "Baby I love you so", apareciendo años más tarde en el álbum *Who Say Jah No Dread* estandard y versión dub instrumental, siendo ésta última considerada por la revista *Mojo* como la tercera mejor canción jamás grabada.

Un ejemplo de que, a pesar de su expansión mundial, el universo reggae es pequeño, lo demuestra la estrecha relación Miller-Pablo-Tubby con los omnipresentes Robbie Shakespeare, Carlton Barrett, Aston Barrett y Earl 'China' Smith.

Paragons
On The Beach (1967)

Los ancestrales The Paragons tuvieron una breve trayectoria allá por los años sesenta que se desarrolló bajo la influencia inicial de la música soul norteamericana hasta que tras la marca de Bob Andy y el respaldo del productor Duke Reid se adentraron irreversiblemente en el sonido rocksteady. No obstante, en este trabajo todavía perduran algunos aires soul, como lo testimonian canciones como Happy-go-lycky-girl , Only a smile , "Island in the sun" (versión anteriormente interpretada por Harry Belafonte) o The tide is high , ésta última revisada y popularizada en 1980 por Blondie hasta el éxtasis.

On the Beach fue el mejor trabajo del trío versado sobre este estilo, perpetuándolos como una de las formaciones más famosas en aquel entonces de Jamaica y de los ambientes al uso británicos.

Por otro lado, los Paragons sirven de excusa para adentrarse en la posterior carrera de su verdadero hombre fuerte, John Holt, que tras la disolución del grupo en 1970 inició una exitosa y prolífica carrera en solitario, con discos altamente recomendables como 1000 Volts of Holt (1974) o Police in Helicopter (1983).

Shabba Ranks
As Raw As Ever (1991)

El 9 de noviembre de 1991 Shabba Ranks conseguía subir al primer puesto de la lista de singles de la revista *Billboard* con éste álbum, a la postre uno de los títulos capitales del denominado 'dubwise', vertiente del drum'n'bass y estilo entendido en la práctica como el equivalente reggae del rap, aunque habitualmente *As Raw As Ever* se vea tratado bajo la etiqueta generalista de dancehall.

Que el disco llegase a la cima de los charts estadounidenses, además de llevarse el Grammy al Mejor Disco de Reggae de 1991, fue en buena parte debido al empeño promocional de Epic, discográfica con la que el artista de Saint Ann había firmado aquel mismo año. De ahí que para apoyar su lanzamiento el álbum contase con las colaboraciones del rapero del Bronx KRS-1 y del londinense Maxi Priest, por aquel entonces también recién llegado al éxito. Precisamente, los dos temas en los que colaboraron, "Housecall" y"The jam", respectivamente, sirvieron para darle una enorme popularidad a Ranks, privilegio que él mismo se encargaría de dilapidar mediante unas polémicas declaraciones que haría al año siguiente, 1992, durante el programa de televisión *The Word* y en las que abogó por la muerte de los homosexuales: *"Dios creó a Adán y Eva, y no a Adán y Steve. Si incumples la Ley de Dios deberían crucificarte"*. Opinión abominable en la que se ratificó meses después cuando declaró: *"En Jamaica, si detectamos un gay en nuestra comunidad lo apedreamos hasta matarlo"*. Una actitud que, como es lógico, le ha negado el acceso a los mass media desde entonces.

Max Romeo & The Upsetters
War Ina Babylon (1976)

Tras el éxito primerizo en Gran Bretaña de su canción "Wet dream", a finales de los años sesenta, y el obtenido por el tema "Let the power fall", grabado con motivo de las elecciones jamaicanas de 1972, de las que saldría ganador el Partido Nacional del Pueblo liderado por Michael Manley, en 1975 Max Romeo comenzaría a trabajar con el productor Lee 'Scartch' Perry, publicando aquel mismo año el disco *Revelation Time*, que incluía varios temas escritos por Clive Hunt (músico y productor de artistas como Chaka Khan, Stevie Wonder, Peter Tosh o Rolling Stones).

Precisamente al año siguiente, y de nuevo con Perry en los controles de la mesa de grabación, Romeo, respaldado por los Upseterrs (quienes aquel mismo 1976 editarían el excelente *Super Ape*), publicaría el mejor trabajo de su discografía, *War Inna Babylon*.

El calado de éste disco viene argumentado por varios motivos, como la calidad de piezas como "One step forward", "War in a Babylon", "Chase the devil" o "Norman", y que como trabajo esté considerado parte de la bautizada como "Santísima Trinidad" sonora de los Black Ark, junto a *Party Time*, de los Heptones, y *Police and Thieves*, de Junior Murvin; es decir, la crème de la crème de los álbumes producidos en los estudios de Washington Gardens. Ergo, resultado en buena medida del talento del histriónico Lee Perry.

Scientist
Rids The World Of The Evil Curse Of The Vampires (1981)

Éste es otro de los álbumes más representativos del dub, obra de Hopeton Brown, conocido como Scientist y en su momento discípulo de King Tubby. Pero Brown iniciaría rápidamente su carrera en solitario, asociándose con el reputado ingeniero y productor Henry 'Junjo' Lawes, quien precisamente se encargó de la producción de *Rids The World of the Evil Curse of the Vampires*, grabado en la madrugada del sábado 13 de junio de 1981 en el estudio de Tubby. Como bases, Scientist aprovechó material aparecido en diferentes trabajos pertenecientes a artistas como Michael Prophet (del que recurre a los álbumes *Righteous Are the Conqueror* y *Gunman*, ambos de 1981), Wailing Souls (*Fire House Rock* -1981-), Johnny Osbourne (*Fally Lover* -1981-) y Wayne Jarrett (*Chip In* -1981-).

Accidentalmente, este disco conectaría con las nuevas generaciones a comienzos del siglo XXI, ya que nada menos que cincos de sus temas ("Dance of the vampires", "The mummy's shroud", "The corpse rises", "Your teeth in my neck" y "Plague of zombies") se incluirían en la 'banda sonora' del videojuego *Grand Theft Auto III*, del que se llevan vendidas más de diecisiete millones de copias en todo el mundo. Una inusitada, inesperada y tácita difusión de la figura de Scientist, si bien los beneficios económicos correspondientes hayan ido a parar a Lawes en base a la sentencia de un tribunal de Estados Unidos que en 2005 reconoció al productor como 'autor' de los cortes.

Shaggy

Boombastic (1995)

Contando con las colaboraciones de artistas como Rayvon, Wayne Wonder, Gold Mine, Grand Puba, Ken Boothe y Budda Junky Swan, en el verano de 1995 Shaggy publicó su tercer disco, *Boombastic*, un megaéxito de proporciones mundiales fundamentado en nada menos que cinco singles: el de doble cara A formado por los temas "Something different"/"The train is coming", además de "Day oh", "Why you treat so bad", "In the summertime" (versión del tema popularizado en los años setenta por los británicos Mungo Jerry) y, cómo no, el popular "Boombastic", número 1 en Gran Bretaña y Estados Unidos, países en los que vendió, respectivamente 300.000 y un millón de copias.

Además, *Boombastic*, punto culminante de la discografía del cantante y DJ jamaicano-americano, fue premiado con el Grammy al Mejor Álbum de Reggae en 1996, reconocimiento que coincide con el hecho de que el disco sea uno de los mejores ejemplos de dancehall publicados de los últimos años, que aúna creatividad y comercialidad a partes iguales.

Sizzla

Black Woman And Child (1997)

El controvertido Sizzla, nacido como Miguel Orlando Collins y miembro de los ortodoxos Bobo ashanti, es un intérprete con una dilatadísima discografía, más de cuarenta álbumes, en la que se tercian los ecos espirituales, sociales y políticos con las proclamas homófobas que le han llevado en el pasado a la suspensión de numerosas actuaciones, como las que debían haberse celebrado en 2012 en España (Barcelona, Madrid, Valencia y Málaga). Nada extraño si le da por cantar *"Voy y disparo a maricas con una pistola; sodomitas y maricas, muerte para ellos"*. A pesar de ello, sus seguidores conciben a Sizzla como un apasionado artista de directo, que rompe esquemas y atrae a los que buscan música con cierta profundidad.

El mayor éxito discográfico de Sizzla llegó en el otoño de 1997, con la publicación de *Black Woman and Child*, bajo la batuta del productor Bobby 'Digital' Dixon y de Clement 'Coxsone' Dodd como autor de varios temas. El disco, en el que colaboran Capleton (en "Babylon a use dem brain"), Edi Fitzroy ("Princess black"), Determine ("My lord") y Morgan Heritage ("Give them the ride"), le valdría la nominación al Mejor Artista Reggae de 1998, si bien la carrera de Sizzla siempre ha discurrido en un segundo plano, debido a su interés por alejarse de la prensa y de la propia industria musical, a la que considera opresora.

Skatalites

Stretching Out (1987)

Tras su forzada disolución en 1965, a resultas del ingreso en un centro psiquiátrico del entonces líder de la formación Don Drummond por el asesinato de su esposa, en 1983 Skatalites, considerados los creadores del ska, regresaron a la música formalmente, si bien en la segunda mitad de los años setenta habían vuelto a reunirse puntualmente en el estudio.

La excusa discográfica se materializó mediante el lanzamiento de *Scattered Lights* (1984), una compilación que reunía doce temas que la banda había grabado en los estudios Federal Records, de Ken Khouri, y Studio One, de 'Coxsone' Dodd, entre 1964 y 1965, años en la que la formación original tan solo publicó un disco, *Ska Authentic* (1964).

No obstante, el posterior y citado regreso de Skatalites a comienzos de los años ochenta merece el mismo recuerdo, incluyendo una presentación en el festival Reggae Sunsplash, seguida de algunas actuaciones que fueron registradas y que darían lugar al excelente *Stretching Out*, publicado cuatro años más tarde.

Este doble disco en directo muestra en plena forma a la formación original de Skatalites en las actuaciones en la Blue Monk Jazz Gallery los días 27 de junio y 17 de julio de 1983. El sentimiento continuaba vivo, como lo atestiguan las interpretaciones de temas como "Freedom sounds", "Guns of Navarone", "Latin goes ska" o "Eastern standard time", y eso llevó a la banda ser reivindicada por la nueva generación de seguidores británicos de la música jamaicana. Y de ahí hasta nuestros días, con actuaciones por todo el mundo bajo la guía del único miembro fundador con vida, Doreen Shaffer.

Steel Pulse
Handsworth Revolution (1978)

En la segunda mitad de los años setenta la comunidad rastafari asentada en Gran Bretaña, especialmente la repartida en sus grandes núcleos urbanos, y Steel Pulse decidieron defender sus derechos sociales. Ésta legítima reivindicación ha sido una constante en la trayectoria de la banda desde el mismo título de su primer álbum, puesto que Handsworth es el distrito de Birmingham del que proceden.

El disco, que también incluye el que fue el primer single publicado por la formación, el explícito "Ku Klux Klan", apología contra el racismo, fue producido por Karl Pitterson, que ya había colaborado como ingeniero de sonido con tótems reggae como Peter Tosh o Bob Marley, a quien precisamente Steel Pulse telonearían en una docena de actuaciones por Europa durante los meses de junio y julio de 1978. durante la gira del álbum *Kaya*.

Handsworth Revolution, del que también se extraerían como sencillos los notables temas "Prodigal son" y "Prediction", entraría en el Top 10 británico, llegando al noveno puesto a los diez días de su publicación.

Posteriormente, Steel Pulse lanzarían otros discos destacables, como *Tribute to Martyrs* (1979) o *True Democracy* (1982), aunque la aceptación de la crítica y el público nunca volvería a ser tan favorable como en el caso de *Handsworth Revolution*, innovador y tremendamente sólido a pesar de tratarse de una opera prima.

Third World
Journey To Addis (1978)

Aunque para la mayoría de aficionados a la música reggae el nombre de Third World es sobradamente conocido, de hecho es una de las más notables referencias de su género, no lo es tanto su discografía, como tampoco lo es *Journey to Addis*, descrito como un cúmulo de 'buenas vibraciones' y propicio para la 'buena meditación'.

Grabado y mezclado con el lujo de medios de los que hacían gala los estudios Compass Point de Nassau, en las Islas Bahamas, bajo la supervisión del fallecido Alex Sadkin (productor a lo largo de su carrera de artistas como Bob Marley, Grace Jones, Joe Cocker o Talking Heads, entre otros), los ocho cortes que conforman el disco rezuman de interpretaciones vocales matadoras y un acompañamiento musical que aglutina con docta inspiración reggae, jazz y funk.

Una muestra bien representantiva de la aportación musical del disco es el single "Now, that we've found love", versión del tema originalmente interpretado por la banda norteamericana The O'Jays, incluida en el álbum *Ship Ahopy* (1973) y en su momento Top en Estados Unidos. En el caso de los jamaicanos, la pieza entraría en el Top 10 británico, favoreciendo a que el disco se colase a su vez en el Top 30. No obstante, el disco también contiene otros temas de excepción, como "One cold vibe", "Cool meditation", "Cold sweat" o "Journey to Addis".

Toots & The Maytals

Funky Kingston (1972)

Este disco es un claro ejemplo de la progresiva apertura del reggae hacia el mercado anglosajón, puesto que, en realidad, existen dos ediciones bien diferenciadas que responden a *Funky Kingston*. La primera está formada por los temas compuestos por Toots, "Sit right down", "Pomp and pride", "Redemption song", "Funky Kingston" y "It was written down", así como las versiones de Richard Berry, "Louie, Louie", Ike Turner, "I can't believe" y de Shep & the Limelites, "Daddy's home".

En aquellos días, Bob Marley aún no había conquistado Babilonia, ni las estrellas del rock ni la prensa europea y norteamericana habían puesto sus ojos en la música autóctona de la isla; sin embargo, tres años después la situación cambiaría completamente, materializándose el momento en el que el disco se publicó en Estados Unidos, donde consiguió un modesto puesto 164. De esta manera los Maytals, una factoría de éxitos circunscritos al mercado de la isla que habían abierto su flamante trayectoria con el tema "Do the reggay", vieron como Chris Blackwell decidió catapultarlos al mercado internacional.

Del disco original tan solo se respetó las previamente incluidas "Pomp and pride", "Funky Kingston" y la versión "Louie, Louie", añadiendo los cortes "Time tough", "Love is gonna let me down", "Got to be there", "Sailin' on" y la interpretada por John Denver "Country road" (ya incluidos en el álbum publicado en el mes de marzo de 1973 *In the Dark*), así como el single de 1969 "Pressure drop", que formó parte a su vez de la banda sonora de la película *The Harder They Come*. No sería hasta 2003 cuando vería la versión íntegra de *Funky Kingston*.

Peter Tosh
Legalize It (1976)

Tosh se estrenó en solitario tras su marcha de los Wailers con esta obra maestra del reggae, que produjo y compuso en su totalidad y que significó su tarjeta de presentación a nivel mundial.

En su apoyo instrumental destacan dos históricos como Sly Dunbar, Robbie Shakespeare, quienes también formarían parte de la Word, Sound and Power, banda que aquel mismo 1976 y dos años después acompañarían al cantante y compositor de Grange Hill en sus giras de conciertos por Estados Unidos y Europa, respectivamente. Por otro lado, la guitarra de Donald Kinsey y las voces de Rita Marley y Juddy Mowatt, integrantes de las I-Threes de Marley, también participarían en esta grabación.

Legalize It tuvo la suerte de contar con el apoyo del sello CBS, por entonces a la caza y captura de artistas reggae tras la detonación de Bob Marley, pasando Tosh en 1978 a formar parte del sello de los Rolling Stones, de quienes Keith Richards se había declarado ferviente admirador de la música reggae.

En cuanto a su repercusión comercial, *Legalize It* entró tímidamente en el Top 200 estadounidense, logro que Tosh iría mejorando con sus posteriores obras, siendo la más exitosa *Mama Africa*, de 1983. Artísticamente son los dos discos citados, junto a *Equal Rights*, de 1977, lo más granado de la discografía de Tosh, si bien destaca *Legalize It* por contener temas como "Why must I cry", "Ketchy shuby", "No sympathy" o la que le da título, "Legalize it", una palmaria reivindicación de la marihuana, substancia fundamental para la espiritualidad rastafari.

U-Roy
Dread In A Babylon (1975)

Tras llegar a Gran Bretaña como integrante de la gira que en 1972 llevó a cabo junto a Roy Shirley y Max Romeo, Ewart Beckford, conocido como U-Roy y pionero del toasting, ficharía por el sello Virgin, con el que precisamente publicaría *Dread in Babylon*, de ventas especialmente notorias en el Reino Unido, gracias al single "Runaway girl".

Parte del reconocimiento de éste álbum se debe a la producción y las mezclas de Prince Tony Robinson (Gladiators, Big Youth, Owen Count Sticky...), quien también se encargaría de los siguientes *Natty Rebel*(1976), *Rasta Ambassador* (1977) y *Jah Son of Africa* (1978).

Grabado en el estudio de Joe Gibbs y con el apoyo de Soul Syndicate y de la Skin Flesh and Bones (la banda creada por el bajista Lloyd Parks), *Dread In a Babylon* es una apología a la cultura rastafari desde su misma portada, con el propio U-Roy medio sumergido en una nube de humo de marihuana, pasando por cortes substanciales como "Dreadlock dread" o el tema con autoría compartida con Bob Marley, "Trench town rock".

Diez temas que conforman una obra maestra del dub y que U-Roy forja con su personal estilo y su excelente habilidad para imponer su voz sobre el acompañamiento musical.

UB40
Labour Of Love (1983)

Originarios, al igual que Steel Pulse, de Birmingham, ciudad del corazón de Inglaterra más conocida mundialmente por ser cuna del heavy metal, UB40, cuyo nombre corresponde al antiguo formulario para solicitar el subsidio por desempleo 'Unemployment Benefit, form 40', se formaron a finales de los años setenta, consiguiendo con *Labour of Love* su primer gran éxito comercial en Estados Unidos, gracias a la refrescante revisión de clásicos obra de Bob Marley ("Keep on moving"), Jimmy Cliff ("Many rivers to cross") o Neil Diamond ("Red red wine"), o interpretados en su momento por artistas como The Melodians ("Sweet sensation") o The Slickers ("Johnny too bad").

Una apuesta segura que obtuvo una notable repercusión, consiguiendo ser número 1 a ambos lados del Atlántico gracias a la citada versión de "Red, red wine" y colocando en el Top 20 británico otros tres temas: ""Please, don't make me cry", de Winston Tucker; "Cherry, oh baby", de Eric Donaldson, y la también mencionada "Many rivers to cross"

Posteriormente, *Labour of Love* daría lugar a otros tres discos de versiones, con el mismo título y añadiéndoseles la cronológica numeración II, III y IV, aunque las respectivas aportaciones musicales de éstos quedarían lejos de la del original, de lo más granado de la discografía de UB40 junto a *Geffery Morgan* (1984) y *Rat in the Kitchen* (1986).

The Upsetters
Super Ape (1976)

Excelso ejemplo de dub, *Super Ape* fue producido por, cómo no, Lee 'Scratch' Perry a mediados de 1976 en su estudio Black Ark. Como es sabido, los Upsetters eran la banda residente, la cual, a mediados de los años setenta estuvo formada por Boris Gardiner, al bajo; Mikey Richards, Benbow Creary y Sly Dubar, como baterías; Earl 'China' Smith, a la guitarra; y Winston Wright y Keith Sterling como teclista.

Super Ape se gestó tras la publicación previa de otro gran álbum de los Upsetters, *Blackboard Jungle* (1973), y tras publicarse en Jamaica en el mes de julio, bajo el título de *Scratch the Super Ape*, se distribuiría internacionalmente un mes después a través de Island Records.

Si bien no forma parte de la denominada 'Santa Trinidad', formada por los discos *Party Time*, de los Heptones, *War Ina Babylon*, de Max Romeo, y *Police and Thieves*, de Junior Murvin, *Super Ape*, de desbordante inspiración y contemporáneo de los tres álbumes citados, testifica el período glorioso de Perry como productor y visionario del dub, por su hábil tratamiento de la sección rítmica y el uso de eco y delay, de lo que en este álbum son buen ejemplo cortes como "Croacking lizard" o "Zion's blood".

Bunny Wailer
blackheart man (1976)

Tras el salto al estrellato internacional de Bob Marley, Jamaica se puso en el punto de mira de todas las discográficas y medios de comunicación del mundo, interesándose especialmente por aquellos artistas de mayor relieve. Ese fue el caso de Bunny Wailer, que debutó en solitario con este *Blackheart Man*, una grabación que trata en sus letras la inquietud cotidiana, la tierra prometida ("Dreamland"), los problemas con la justicia ("Fighting against conviction"), y que, por ello, algunos han adoptado como aditivo a su percepción espiritual y cultural de la vida.

Contando con la colaboración de camaradas como Peter Tosh y Bob Marley y una sección instrumental en la que coincidieron pesos pesados como Carlton y Aston Barrett, Robbie Shakespeare, Bobby Ellis o Earl 'Chinna' Smith, entre otros, *Blackheart Man* se grabó en el mes de agosto de 1975 en los estudios Aquarius Recording de Kingston, aunque no fue publicado hasta el año siguiente, en el mes de septiembre, a través del sello Solomonic Records (la versión distribuida por Island tuvo unas mezclas diferentes).

El propio Wailer reconoció hace unos años que éste es su mejor trabajo, lo cual nos en aviso de su enorme valía, puesto que la discografía del bautizado como Neville O'Riley Livingston incluye discos excepcionales como *Rock'n'Groove* (1981), *Roots, Radics, Rockers Reggae* (1987) o *Liberation* (1989).

The Wailing Souls

Wild Suspense (1978)

Aunque formados en 1964 bajo el nombre de The Renegades, a mediados de la década siguiente The Wailing Souls dieron forma definitiva a su particular estilo tras asociarse con el productor Joseph Hoo Kim (Dillinger, I Roy, Mighty Diamonds...) y entrar a formar parte de la escudería del estudio Channel One. Valiéndose de la banda residente, The Revolutionaries, de la cual estaban al frente los omnipresentes Sly Dunbar y Robbie Shakespeare, toda esta macrofusión de músicos y profesionales dio lugar a una serie de éxitos a nivel isleño, la mayoría autoría de Winston Matthews, como "Back bitter" o "Jah Jah give us life".

El alcance de estas canciones creó la base sobre la que los Wailing Souls fundaron su propio sello, Massive, que ellos mismos inauguraron con los sencillos "Bredda gravalicious" y "Feel the spirit", así como con el álbum *Wild Suspense*, que reunía remezclas de los temas citados, además de otros singles publicados hasta aquella fecha. Posteriormente, en 1995, el sello editaría una versión ampliada del disco, que incluiría siete revisiones dub de los temas originales.

A pesar de que tanto *Wild Suspense* como el siguiente *Fire House Rock* (1980) conforman el núcleo de su discografía, los Wailing Souls no obtendrían el pleno reconocimiento internacional hasta la década de los noventa, en la que lograrían ser nominados en tres ocasiones al Mejor Álbum de Reggae en los premios Grammy.

Yellowman

Mister Yellowman (1982)

Yellowman adquirió popularidad a comienzos de los años ochenta por su habilidad con el toasting, el rapeo siguiendo las pautas reggae, ayudando de paso a la consolidación del dancehall. No obstante, y a distanciándose del roots reggae, el artista albino se valió del estilo "slack", basado en unas letras procaces que versan sobre la violencia, la homofobia y el sexo, en este último caso a niveles de explicitud no conocidos con anterioridad en Jamaica.

Y gracias a esa corrosiva verborrea en solfa Yellowman se convirtió, a pesar de su peculiar físico, en un sex symbol tras la publicación de *Mister Yellowman*, producido por Henry 'Junjo' Lawes en los estudios Channel One y editado por Greensleeves Records, una de las principales compañías discográficas británicas de reggae, fundada por Chris Cracknell y Chris Sedgwick.

Mister Yellowman, que contó con el apoyo instrumental de los Roots Radics y los Hi-Times (la banda de Earl 'China' Smith), incluye varios hits, como "Yellowman getting married" (versión de la canción "I'm getting married tomorrow", perteneciente al musical *My Fair Lady*), "Lost my love" o "Mr. Chin". En definitiva: un explosivo título de toasting canallesco.

5. Reggae latino

El país latinoamericano pionero en la interpretación de la música reggae en castellano fue Panamá, donde no resultó extraña la aceptación del género, puesto que el país había acogido desde finales del siglo XIX a inmigrantes afroantillanos, buena parte de ellos provenientes de Jamaica, llegados al país para la construcción del ferrocarril, a instancia de las compañías bananeras, y la del popular Canal de Panamá.

En Panamá, en 1978, existían salas en las que se podía escuchar y bailar reggae, como por ejemplo Rancho Grande, Disco Machine o El Compa, local éste último en el que actuaba Nando Boom (alias de Fernando Orlando Brown) los fines de semana. Seis años después, Super Nandi (Hernando Brin) y el grupo The Cheb graban el primer disco panameño de reggae en español, *Treatmen*.

No obstante fue en 1985 cuando el reggae comenzó a evolucionar bajo las pautas autóctonas de la mano de Chicho Man (nombre en parte homenaje al jamaicano Yellowman), quien en su corta carrera solo publicaría un álbum, que contenía temas como "La noche que te conocí", "Lady red", "Llega Navidad", "Muévela", "No quiero ir a isla Coiba" y "Un nuevo estilo", ésta última intepretada a dúo con Pepito Casanova. Chicho Man, además, lograría otros hits, como "Son pura traición" o "Lover boy", e incluso tanteó el mercado norteamericano, pero tras pasar un tiempo encarcelado precisamente en Estados Unidos optó por retirarse de la música y centrarse en la religión.

A Chicho Man hay que sumar otros músicos panameños de éxito, como Nando Boom; intérprete de éxitos como "Amor de helado", "Un nuevo baile", "No me pregunten" o "Enfermo de amor"; Gringo Man, quien desde 1987 ha sonado en países como Estados Unidos o Canadá, gracias a temas como "Trailer lleno de griales", "Con quíen andarás" o "Como una loba" o El General, protagonista de éxitos como "Te ves buena", "Muévelo" o "Caramelo".

La participación de Panamá en la difusión del reggae en castellano bajo unas pautas propias incluiría también inéditas derivaciones, como la plena, variante derivada del dancehall jamaicano y de la soca, y la más conocida internacionalmente, el reggaetón, heredero del hip-hop.

Es precisamente ésta, por su mayor popularidad internacional, la que está considerada por muchos como una evolución bastarda del reggae. Aunque tipificado en ocasiones como el resultado del intercambio cultural y musical entre Panamá y Puerto Rico, las raíces que brotan del reggaetón germinaron en los guetos urbanos de Panamá mediante la traducción al castellano de los éxitos del dancehall, para posteriormente ser canalizado como movimiento por el productor Michael Ellis y artistas como Gringo Man, El General (Edgardo Franco) o Killa Ranks. Su introducción en Puerto Rico a finales de los ochenta, se produjo a través de artistas como Vico C (alias de Luis Armando Lozada Cruz).

Por contra, en el resto de Sudamérica los músicos de reggae se han mantenido por lo general más próximos al estilo tradicional con aproximaciones al pop y al rock, y de entre los que, por su dilatada trayectoria, destacan los portorriqueños Cultura Profética, los argentinos Los Cafres o los chilenos Gondwana.

En cuanto a España, el vínculo con la música producida en Jamaica se remonta a mediados de los años sesenta. Como es lógico, Gran Bretaña era el país europeo más calado por la música jamaicana, debido al flujo migratorio, pero España también acogería, de una manera mucho más circunscrita, cadencias de la isla caribeña. La punta de lanza fue, cómo no, "My boy lollipop", distribuida por el sello Fontana y tema que fue rápidamente versionado aquel mismo 1964, bajo el título "Eres mi bombón", por algunos artistas catalanes, como Nuri (en un EP editado por el sello barcelonés Discos Vergara, que también incluía otras tres versiones, entre ellas una de "Can't buy me love", de los Beatles), Dúo Radiant's (como cara B de su sencillo "El amor", distribuido por Zafiro), Los Catinos (en un EP de cuatro temas también editado por el sello Vergara), los efímeros Los Diástole (otro EP de Discos Vergara) y Los Antifaces, aunque en este caso con el título "Mi chico bombón" (en EP distribuido por Discos Belter).

Entre 1964 y 1968, el ska estaría presente en la música española, en parámetros claramente reducidos respecto a la oferta británica, como baile de
moda, para después, a partir de 1969, dar paso a una etapa que dio cobijo
a las publicaciones de artistas jamaicanos de mayor éxito, como Desmond
Dekker o Jimmy Cliff.

Con la llegada del rocksteady y después con la del reggae, la música jamaicana conseguiría una difusión extraordinaria a nivel mundial, y tras la
consagración de Bob Marley el reggae sería uno de los estilos que más huella dejaría en una parte de las nuevas generaciones de músicos en España,
de ahí que en la actualidad exista un buen número de formaciones en las
principales capitales de nuestro país, pudiéndose contar en torno al medio
centenar en Madrid y Barcelona (de hecho, Cataluña es la comunidad con
más bandas de reggae), seguidas por otros núcleos como Sevilla, Valencia,
Cádiz o Vizcaya.

En definitiva, en la escena musical latina corren buenos tiempos para la
lírica reggae, o al menos tan buenos como lo son para el resto de estilos
musicales. Además, el reggae sobrevive gracias a la perspicacia de sus autores para, al tiempo que respetan las raíces, buscar la aproximación a estilos
como el pop o el rock. Y los festivales *ad hoc* se suceden por toda la geografía
hispanohablante, con una repercusión inédita hasta la fecha y que retroa-
limenta tanto al género como a su público seguidor. Citas imprescindibles
como los festivales Rototom Sunsplash, en España; Reggae Fest, en Paraguay; Jamming Festival, en Colombia, o Maranhao Roots Reggae, en Brasil.

Los Cafres
(Argentina)

Formados originalmente en 1987 en Buenos Aires, Los Cafres son una de las primeras, más longevas y más reputadas bandas latinas de reggae.

Tras un receso entre 1989 y 1992, a instancias de Guillermo Bonetto, Los Cafres
volverían a reunirse, grabando su primer
elepé en 1994, *Frecuencia Cafre*, mezclado
en los estudios Tuff Gong de Kingston,
por Errol Brown. Para su siguiente traba-
jo, *Instinto* (1995), realizaron la correspondiente versión dub, *Instinto Dub*,
algo habitual en la tradición discográfica jamaicana, pero el primer disco
que de estas características se producía en Argentina, bajo la supervisión de
Jim Fox, quien también se encargaría en 2011 de *El Paso Gigante*. La repercusión de *Instinto Dub* fue tan significativa que en 2009, la edición porteña
de la revista *Rolling Stone* lo calificó como "el mejor disco de la historia del
reggae argentino".

Tras *Suena la Alarma* (1997), *Espejitos* (2000) y el directo *Vivo a lo Cafre*
(2004), en 2004 llega uno de los mejores momentos para el grupo, a raíz de
la publicación del álbum *¿Quién da Más?*, con la producción una vez más de

Errol Brown y de una notable acogida comercial. Tras un segundo directo, *Luna Park* (2006) y el doble lanzamiento de 2007 mediante los álbumes *Barrilete* y *Hombre Simple*, en 2009 Los Cafres, en la actualidad formados por Guillermo Bonetto (cantante), Claudio Illobre (teclados), Gonzalo Albornoz (bajo) y Sebastián Paradisi (batería), imitaban a los británicos UB40, y la afición de éstos por las versiones de clásicos de la música moderna, publicando *Classic Lover Covers*, que como su título indica reúne algunos de los standards del rock y el pop en clave de reggae, como "Woman", de John Lennon, "Love of my life", de Queen, o "I can't stand losing you", de Police.

Caliajah
(Chile)

Cristian Aliaga Carrasco (18 de septiembre de 1983, San Antonio), comenzó en la música de niño y, curiosamente, admirando a bandas de rock como Deep Purple o Queen.

A pesar de los escasos recursos económicos que conllevaron una producción independiente, en 2007 publicaría su primer primer disco, *Mensaje a Babylon*, cuyas letras testimoniaban la intención del artista por ayudar a cambiar el mundo. Su segundo trabajo, *Más Conciencia* (2008), superaría las quince mil descargas digitales en sus primeros meses de vida, mientras que con el siguienye *Paciencia* (2009), Caliajah iniciaría su primera gira internacional, la cual incluyó una visita a México, país en el que desde entonces sea ha convettido en un artista muy apreciado, como lo demuestra la publicación del disco *Raíces, Realidad y Cultura. Especial México: Lo Mejor de Caliajah Año 2010*, que reúne lo mejor de sus tres primeros trabajos, además de tres nuevas canciones grabadas entre México y Colombia.

Tras *Crew Family Bless* (2013), una grabación que combina reggae y dancehall, producida por Tianobless y Nattybwoy, y *Rustica Revoluzion* (2014), en el mes de marzo de 2015 Caliajah publicaría via iTunes *Unite*, otro vasto trabajo formado por veintidós canciones y que, a pesar de su brevedad temporal, confiere a la carrera de Caliajah una intensidad poco frecuente y que también le ha llevado a compartir puntualmente escenario con artistas de relieve, como Shaggy, Morodo, Cultura Profética, Los Cafres o Alika.

Chala Rasta
(Argentina)

Formados en el mes de julio de 1990 en Buenos Aires, Chala Rasta han desarrollado sus más de dos décadas en la música bajo la autosuficiencia y el rechazo a los parabienes de los mass media, premisas que no les han impedido contar con una importante convocatoria de público.

Las canciones de Chala Rasta se caracterizan por su contenido, reivindicando la igualdad de las clases sociales ("Clases"), criticando los malos hábitos de los políticos ("Lucero", "Ultimo round", "Casa de brujas"…), la defensa de los aborígenes ("Nube Negra", "Paraíso aborigen", "Echa la raíz"…), el repudio a la violencia policial ("Cinturón vacío") y a la dictadura militar que vivió Argentina ("Paredón", "Hijos del sol").

Centrados en sus presentaciones por su país (en enero y febrero suelen actuar en ciudades de la costa atlántica, mientras que en los meses de invierno lo hacen por las provincias del sur), Chala Rasta son asiduos a eventos de carácter benéfico, como por ejemplo el que ofrecieron en el mes de abril de 2005 en la plaza Grigera de Lomas de Zamora, frente a cinco mil espectadores, con el fin de recoger alimentos, material escolar y juguetes para niños.

En la actualidad, de la formación original tan solo continúa el cantante y guitarrista Christian Gordillo, viéndose completada por Mariano Hollman (guitarra), Juan Arébalo (bajo), Lucas Lemma (teclados), David Niño Cáceres (batería), Martín Lacuadra (percusión y coros), además de Agustina Iturri y Gabriel Olaizola en los coros y Guido Baucia, Leandro Urrutia Farías y Mariana Iturri en la sección de viento.

Su discografía, breve para su longevidad, la componen los álbumes *Gond-wana* (2000), *Séptimo Hijo* (2002), *Hijos del Sol* (2005), *Quijotes* (2008), *Hombre de Barro* (2010) y *Flores del Desierto* (2013), precisamente éste último con el que han obtenido una mayor repercusión internacional.

Cultura Profética
(Puerto Rico)

Con casi dos décadas a sus espaldas, a Cultura Profética se les conoce como una de las más libertarias de América Latina, dueños de su propio sello discográfico, La Mafafa Inc., y ejemplo de banda concienciada que condena la política corrupta, defiende el medioambiente y reivindica la cultura para el pueblo.

Su repertorio, clasificado genéricamente como 'reggae en español', abarca géneros como el funk, el jazz, el hip-hop, la electrónica, el ska y hasta la música de raíz africana. Formados en el mes de enero de 1996 por cuando Boris Bilbraut (batería y voz), Eliut González (guitarra), Willy Torres (cantante y bajo) y Omar Silva (guitarra), que comenzaron a actuar en círculos universitarios. Dos años después publicaban su primer álbum, *Canción de Alerta* (1998), grabado en los estudios Tuff Gong de Kingston, lugar proclive para plasmar tanto su filosofía la ejecución musical, con las que evocan influencias que van desde Bob Marley (motivo de su álbum *Tributo a la leyenda Bob Marley*, de 2007) hasta Jimmy Hendrix, pasando por los Doors, Herbie Hancock y Silvio Rodríguez.

Con una discografía de lanzamiento regular a lo largo de la primera década del siglo XXI (*Diario* -2002-, *M.O.T.A* -2005- y *La Dulzura* -2010-), el alcance de Cultura Profética ha ido más allá del mercado latino, en Argentina tienen un buen número de seguidores, beneplácito que en 2012 daría lugar al CD y DVD *15 Aniversario en el Luna Park*, sino que también han logrado hitos como que su canción "La complicidad" estuviese veinte semanas en las listas de éxitos de la revista *Billboard* o que otro de sus temas emblemáticos, "La dulzura", fuese número 1 en la lista de Latino Tropical de iTunes.

Roe Delgado
(España)

Nacido como Javier Delgado Zamora (24 de febrero de 1977, Granollers), Roe Delgado comenzó con tan solo doce años a pintar graffiti, formando parte de La Gran PDM (La Gran Peña de Mollet, en referencia a la población barcelonesa) a comienzos de los años noventa. Con ellos grabará varias maquetas y actuarán por toda España, hasta que en 2004 el grupo se separa y Roe inicia su andadura en solitario. Tras editar algunas maquetas y colaborar en diversos one-riddims, en 2008 Delgado publicaría su primer disco, *Mundo Plastificado*, que presentaría tanto en España como en la Repúblcia Checa, Alemania y Austria. Tres años después llegaría *Simple y Natural*, del que se extraería como primer single el corte del mismo título y formado por catorce temas en los que colaborarían a las voces Eterno, Urigreen (Universal Rockers) y Jah Nattoh, además de Adriá Canet y Kasy One, entre otros, en la producción. El disco le valdrá a Delgado su aparición en el festival español Rototom Sunsplash, así como ofrecer algunas actuaciones en México y Estados Unidos.

Tras *Mediterráneo* (2013), en el mes de mayo de 2015 Delgado presentaría *Vida*, disco en el que se hizo acompañar por la banda que le acompaña en sus actuaciones desde 2012, Baboon Roots, además de por otros nombres como Morodo, Burning Spectacular, Eterno y Alerta Kamarada.

Dread Mar-I
(Argentina)

Nacido en Quequén, provincia de Buenos Aires, el 31 de enero de 1978, Dread Mar-I (Mariano Javier Castro) dio sus primeros pasos en la música a comienzos del siglo XXI, grabando en 2004 la canción "Mi amor", junto a

DreadGon, al tiempo que como cantante de Mensajeros Reggae participa en la grabación del álbum *Luz* (2005) y colabora como corista de Los Cafres, si bien en el mes de abril de 2005 Mar-I publica su primer disco, *Jah Guía*, del que la canción "Inspiración" adquirió popularidad al ser la música de cabecera del programa *Gravedad Zero*.

En 2006 participa en la primera edición del festival Bob Marley Day, compartiendo cartel con la Peter Tosh Band y los Wailers y publica su segundo trabajo, *Hermanos*, que promocionará junto a su banda, Los Guerreros del Rey, por toda Argentina, además de Chile y Uruguay, a lo largo de 2007 y 2008.

Con *Amor-Es* (2008) y *Viví en Do* (2010) Mar-I ampliaría aún más el número de seguidores, puesto que su obra llega también a países como México, Costa Rica, Guatemala, El Salvador, Perú y Brasil.

Entendido por la prensa como uno de los nombres clave del nuevo lovers rock, abril de 2012 Mar-I publicaría *Transparente*, del que se extraería como primer single el tema "Buscar en Jah".

Dos años después sería el turno de *En El Sendero*, un disco en cuyas letras se refleja el momento de calma y tranquilidad al que el cantante había llegado en su vida, además de la estabilidad profesional que le vino certificada, de entre otras maneras, por la primera visita que haría a Estados Unidos y Canadá, países en los que ofrecería dos (Toronto y Montreal) y seis (Nueva York, Washington, Chicago, Los Angeles, Anaheim y San Diego) actuaciones, respectivamente.

Gomba Jahbari
(Puerto Rico)

Definidos así mismo como intérpretes de "un reggae puro, isleño e incorruptible" y como "soldados de Dios con sus instrumentos en mano", Gomba Jahbari (Guerreros Valientes) se formaron en 1998 en Bayamón, una pequeña ciudad situada en el noreste de Puerto Rico, a instancias de

Carmelo Romero (cantante y batería) y Miguel Lampón (guitarra), a la estela de los jamaicanos Israel Vibration.

Acompañados por Humberto Torres (bajo), Alberto Nieves (guitarra), Benji Fuentes (teclados), Misael Clemente (saxo) y Yamuel Marcano (trompeta), el grupo publicará en 2003 su primer disco, *Sentémonos*, seguido al año siguiente por Convicción, que incluía una versión del viejo éxito "Las tumbas", popularizada en los años sesenta por Ismael Rivera. No obstante, serán los dos siguientes trabajos con los que Gomba Jahbari comienzan a mostrar signos de madurez, en términos musicales con *Identidub* (2006), en el que, como su nombre apunta, la banda se adentra en el dub, mientras que en cuanto a las letras *Rebellion* (2007) apuesta por el desacato a los convencionalismos y al propio sistema. Tras *Road to Reggae* y el directo *Live From Culebra*, ambos publicados en 2009, y *Gombafiles* (2012), en 2014 decidieron echar un vistazo atrás y recuperar en clave de reggae algunos clásicos de la salsa, mediante el álbum *Tributo a los Soneros*, excusa sonora para asentar la popularidad de los portorriqueños en Latinoamérica, especialmente en México y Perú.

Gondwana
(Chile)

Formados en 1987 en Huechuraba a iniciativa de I-Locks Labbé, Gondwana fueron el primer grupo de reggae de Chile.

Con su cuartel general asentado en Barrio Bellavista de Santiago de Chile, popular por ser punto cultural de la capital chilena, los inicios de Gondwana fueron lentos y humildes, no siendo hasta 1994 cuando lograron telonear a los argentinos Los Pericos. Después, grabarían una maqueta en los estudios Anachena, preludio de su contrato con la discográfica BMG. Con ella publicaron su opera prima, *Gondwana* (1997), Top 40 en las listas chilenas y con varios singles de éxito y motivo de sus tres apariciones en el Festival Viña del Mar y una multitudinaria actuación frente a sesenta mil personas en el Estadio Nacional.

El despegue internacional de Gondwana llegaría en 2000, coincidiendo con la publicación de su segundo trabajo, *Alabanza*, del que serían singles los temas "Antonia" (número 1 en Chile), "Verde, amarillo y rojo", "Dulce amor" y "Solo es verdadero".

Tras discurrir la primera década del siglo XXI publicando tres nuevos títulos, *Made in Jamaica* (2002), *Crece* (2004) y *Resiliente* (2007), en 2010 el grupo demostraba su influencia en la geografía sudamericana lanzando *Gondwana En Vivo en Buenos Aires*, un proyecto en directo que comprendía las respectivas ediciones en CD y DVD.

A finales de 2011 se edita *Revolución*, un álbum maduro e igualmente de gran éxito en Chile, seguido dos años después por *Reggae & Roll*, disco que contó con las colaboraciones de Boris Bilbraut, de Cultura Profética; Daniel Sais, exSoda Stereo, y Tomás Pearson, de Los Cafres, entre otros, y que incluía dos versiones pertenecientes a dos bandas fundamentales del rock argentino, "El rito", de Soda Stereo, y "Qué ves", de Divididos.

Casi a punto de cumplir tres décadas, Gondwana han logrado el triunfo sin paliativos, como lo confirma el que en 2016, además de visitar México, la banda encarase una gira por Estados Unidos y Canadá formada por nada menos que cuarenta y una fechas.

Jah Macetas/Living Reggae
(España)

Tras remontarse sus orígenes a 1982, bajo el nombre de guerra de Julio Fari y sus Macetas (Sergio Monleón -guitarra-, Paco 'Marmól' Pascual -bajo-, Federico 'Fede Ferocce' Segarra –guitarra-, Ferrán Ferrús –guitarra-, Julio 'Fari' Beltrán -cantante-, Eduardo 'Little Pikwental' Soler –batería- y Marisol y Mari Tere Álvarez –coros-), Sergio Monleón fue el impulsor de Jah Macetas, que ya en 1984 se dieron a conocer con el trabajo *Dub en Babia*, lo que le convierte en el primer referente de roots reggae interpretado en castellano.

En su primera etapa, que concluiría en 1998, por las filas del grupo pasarían vocalistas como Mandievious (Carlos Natural) o Rumbero Jamicano (Pere Andrés), así como músicos como Rafa Villalba, Alberto Tarín o Nando Domínguez.

A aquellos años corresponden discos como *Toda Una Vida* (1990), destacado por la prensa especializada, como fue el caso de la revista *Rockdelux*; *En Studio One* (1995), grabado nada menos que bajo la producción de Clement 'Coxsone' Dodd; *Dub Incorrupto* (1998), remezclas de los temas anteriormente publicados en *Clásicos del Reggae, Vol. 1* (1997) y, finalmente, *Fallas 98 Dub Explosion* (1998).

En 1999, Sergio Monleón forma Lepanto Rockers, grupo de reggae dub, y después Nyahbinghi Explorers, combo exclusivamente de percusión. Ya en 2001, Alberto Tarín propone a Monleón colaborar en su proyecto Jazzin' Reggae, nombre bajo el cual han editado varios trabajos de fusión, como *Jazzin' Reggae* (2001), *Jazzin' Reggae Showcase, Vol. 1 y Vol. 2* (2002) y *La Conexión Jamaicana* (2003), contando para éste último con artistas como Leonard Dillon, Derrick Morgan, Vin Gordon, Larry McDonald o Dave Hillyard.

En 2004, Monleón daría vida a la producción audiovisual Living Reggae, mediante la cual colabora con cantantes jamaicanos como Winston Francis y Dave Barker, así como con músicos como Steven Wright y Earl Appletton. Además, la firma de Living Reggae la llevan trabajos como el documental *Etiopía Utopía* o el álbum *Slave Driver*, aunque las actividades al frente de este interesante proyecto no impedirían a Monleón retomar el pulso de Jah Macetas a partir de 2009.

Little Pepe
(España)

En la actualidad, el referente más aceptado como artista español respetado en el reggae es, sin duda, Little Pepe (José Manuel López Gallego), singjay nacido en el barrio malagueño de La Trinidad, que editó su primer bloque de canciones en 2008 bajo el título *Ponle Mente*, que recibió más de ciento

cincuenta mil descargas sin apenas promoción. Tal éxito hizo posible que al año siguiente fichase por Germaica Iberia, que distribuiría *Compartiendo*, título a propósito del carácter del cd, mano a mano con Shabu. La repercusión de este trabajo fue tal que en 2010 Little Pepe llevaría a cabo una gira de veinticinco conciertos por la geografía española, acompañado por el grupo The Germaicans, quienes un año antes habían acompañado también a Shabu.

En 2011 por fin llegaría su primer trabajo oficial, *De Málaga Hacia el Mundo*, en el que acoge las ayudas musicales de Black Milk, Daddy Mory Raggasonic, General Levy, New Kingston y Rebellion the Recaller. Colocado el disco en el Top 100 español, Little Pepe se abocó a una nueva gira, en esta ocasión de veinte fechas, más una visita a México, y contando como acompañante con DJ Onedah. El éxito de *De Málaga Hacia el Mundo* fue tan palmario que Little Pepe se animó a llevar a cabo un remix bajo el título *Del Mundo Hacia Málaga*, con las colabroacioens de SFDK, Alberto Gambino y Raiden, entre otros. Además, surge la posibilidad de participar en el maxi *Welcome to Málaga*, promovido por el sello francés Undisputed Records, mediante el tema "Homies", que Little Pepe graba junto a Taïro, una de las nuevas voces del dancehall galo.

Ya en 2013 el singjay malagueño lanzaría *Al Sur de la Luna*, producido por otro malagueño, Niggaswing (Sergio Martín), seguido en 2016 por *La Fábrica de la Lírica*, un EP de ocho temas producidos por Niggaswing, Acción Sánchez y Hazhe y que sería presentado entre los meses de febrero y mayo mediante catorce fechas por toda España.

Morodo
(España)

Seudónimo de Rubén David Morodo Ruiz (1 de diciembre de 1979, Madrid), Morodo es uno de los vocalistas pertenecientes a la reciente fusión de reggae y hip-hop, así como miembro de los los colectivos españoles

OZM y Madrid Dancehall Crew, MCHC de México y One Love, hispanopanameño.

Su actividad discográfica se remonta a 2001, cuando bajo la producción de Souchi y Dahani, publica su primer trabajo, *Ozmstayl*, hábil adaptación de reggae y hip-hop interpretado en castellano.

Poco después de publicar el minielepé *Yo Me Pregunto*, en el mes de octubre 2004 volvería con *Cosas que Contarte*, del que se venderían más de dieciséis mil copias en España. Este éxito, aunque local, impulsaría dos años después una gira internacional que le llevaría actuar en distintos festivales europeos, como el Soundstation de Bélgica, Carviçais de Portugal o Popcorn de Alemania, además de presentarse en países de habla hispana, como Chile y Venezuela. Es precisamente entonces cuando Morodo se suma al One Love Crew, que en 2007 recorrerá España, Panamá y Chile.

Tras casi seis años de silencio discográfico, pero de mucha actividad en directo, en 2010 Morodo editaría su tercer disco, *Rebel Action*, que dará lugar al Rebel Action Tour, que discurrirá por España, Alemania (Summer Jam Fest) y Latinoamérica. Esta gira tendría su continuidad en 2011, cuando acompañado por la Mad Sensi Band, recalará en Chile, Argentina, Colombia, México y Venezuela y ya en 2012, y sin separarse de la Mad Sensi Band, Morodo llevará a cabo el Latin Family Tour, al que se sumará Ganjahr Family (dúo formado por el gaditano Daniel Canela, alias Ras Canelow, y el vigués Pablo Leyenda, alias Donpol). En esa ocasión los países visitados fueron México, Perú, Argentina y Chile.

Tras actuar en 2013 en los festivales internacionales Rototom Sunsplash, Viña Rock, Siempre Vivo Reggae y Jamming Fest, a finales del mes de septiembre Morodo publica *Reggae Ambassador*, que en directo presentaría con su nueva banda Okoumé Lions (formada por King Bratt, Ed Bassie, Arnaldo Leskay, Big Barry, IRipoll, Astrid Jones y Raguel Fernandez) y disco en el que colaboraron Movimiento Original, Mikey General, KG Man, Mandinka Warrior, Donpa y Mad Division, además de contar en su producción con More Love Music & Ciro Princevibe, Segnale Digitale o Jimi Rivas & Dj Tee, entre otros.

Negus Nagast
(Venezuela)

Sexteto formado en 1998 actualmente formado por Luis Enrique 'Pulga Nagast' Sánchez (cantante), Cristian 'De Lion' De Leo (bajo), Juan David 'OneChot' Chacón (guitarra), Edgar 'Banzo' Rodríguez (guitarra), Darío 'Darayo' Adames (batería) y Manuel Millán (teclados), con la vocación de transmitir el rastafarismo mediante su música. De hecho, con su primera actuación, llevada a cabo a finales del mes de julio de 1999 en la Ciudad Universitaria de Caracas, quisieron celebrar el 107º aniversario del nacimiento de Haile Selassie I.

A lo largo de su carrera, Negust Nagast, cuyo nombre era el título que hacían servir los emperadores de Etiopía desde el siglo XIV y hasta 1974, también ha contado entre sus filas con otros músicos, como Yoshio Hama (percusión), Genis Miranda (teclados), Alexis Rondón (clarinete), Pedro Quevedo (batería), Madeleine Pinedo y Daniela Morales (coros). Todos ellos en su momento ayudaron a construir un legado musical que rápidamente caló entre el público venezolano, compartiendo, además, escenario con artistas como Skatalites, Michael Rose (Black Uhuru), Mystic Revealers o la New York Ska Jazz Ensemble. Su discografía, aunque breve, resulta definitiva para entender la evolución del reggae en Venezuela, estando formada por dos únicos títulos, *Rastafari Fi Salvation* (2003), promocionado mediante una gira junto a las formaciones argentinas Todos Tus Muertos y Lumumbapor Estados Unidos, México y Honduras, y el doble álbum *I And I Pro Jah* (2007), en el que uno de los dos cedés incluye diecisiete temas interpretados por distintas formaciones de la escena reggae venezolana. En 2013 aparecería un recopilatorio, *The Irie Best of Negus Nagast, 1998-2010*, que resumía los dos trabajos publicados hasta la fecha por Negus Nagast.

Los Pericos
(Argentina)

Los Pericos son una de las
bandas más longevas y exitosas del reggae interpretado en
castellano, al haberse formado
en 1986 y habiendo publicado
su primer álbum, *El Ritual de
la Banana*, en 1987, trabajo del
que llegaron a vender 180.000
copias, que lo convirtieron en
uno de los discos más vendi-

dos en Argentina aquel año, gracias al éxito en paralelo de canciones como
"El ritual de la banana", "Jamaica reggae" y "Movida rastafari". También
resultaria exitoso el siguiente *King Kong* (1988) y especialmente *Rab A Dab
Stail* (1990), que les llevará a ofrecer más de cuatrocientos conciertos durante los siguientes tres años, alcanzando tal repercusión que en 1992, 1993 y
1994 Los Pericos serían invitados a participar de la sexta edición de carácter
internacional del legendario festival Reggae Sunsplash.

Con motivo de la publicación de su álbum de 1994, *Pampas Reggae*, el grupo realizará una gira por los Estados Unidos, además de convertirse en uno
de los nombres más solicitados en Argentina, Chile y Venezuela, empezan-
do a compartir escenario con figuras como UB40, Steel Pulse, Big Mountain o Black Uhuru.

Confirmando la llegada de un período de éxito arrollador, su sexto trabajo, *Yerbabuena*, ve la luz en Hispanoamérica, Estados Unidos y España, país éste último en el que el tema "Caliente" será Top 10. Después se
sucederían actuaciones tumultuosas con cartel propio o en festivales de
relieve, giras internacionales, ventas masivas de discos, hasta que en 2004
Fernando 'El Bahiano' Hortal deja la banda, siendo ocupado su vacante
de vocalista por Juanchi Baleirón, con el que grabarán *7* (2005), con el
que se aseguran su posición como una de las bandas más importantes de la
escena musical hispana, como lo confirmaba en 2010 su última producción
discográfica hasta la fecha, *Pericos & Friends*, en la que participaron, entre
otros, Gregory Isaacs, los Wailers, Gondwana, Toots Hibbert, The Skata-

lites y Ali Campbell. No obstante, lo más destacable de Los Pericos es su actividad sobre los escenarios, como atestiguaron las dieciséis actuaciones que ofrecieron entre enero y junio de 2016 en México, Chile, Argentina, Guatemala, El Salvador, Perú, Ecuador y Costa Rica, seguidas de otras diez, durante el mes de julio, por Estados Unidos.

Ras Kuko
(España)

Antiguo integrante de Cañaman, Ras Kuko es uno de los pioneros del reggae en España, habiendo publicado bajo su nombre siete discos y grabado a lo largo de su carrera con artista de primera fila como Capleton, Luciano o Marcia Griffiths y compartiendo escenario con otros como Alpha Blondy, Jimmy Cliff, Black Uhuru, Steel Pulse o UB40, entre otros muchos.

Tras quince años en la música, Ras Kuko ha consolidado un bagaje de alcance internacional, habiendo participado en festivales como Rototom, Vivo Reggae, Urban Fest o Harare, por citar los de mayor alcance.

Su discografía en solitario comenzó con *Raspect*, apoyado por la Mad Sensi Band (formada por algunos de los que habían sido miembros de Cañaman) y trabajo en el que se dan cabida tanto roots reggae como dancehall y hip-hop. En 2010 llegaría *Ras Kuko & Friends*, para el cual, y como su título indica, Kuko tuvo el apoyo de artistas como Brinsley Forde (Aswad), Swan Fyahbwoy, Morodo, Pinncale Rockers o Makrabat.

Ampliando sus parámetros sonors, con *Entre Tú y Yo* (2013), Kuko profundizó en el dub, contando para ello de los medios necesarios. Por un lado, el disco se masterizó en los estudios Lion & Fox, en Washington DC, mientras que en las secciones instrumentales corrieron a cargo de Minor 7 Flat 5, Bratt Lab, Itagui y la habitual Mad Sensi Band.

Tras asentar su residencia en las Isla Canarias, Ras Kuko se sumaría a la One Xe Band, formada por algunos de los músicos más ilustres de las islas, algunos de ellos miembros de Pachumba y Binghiband y cuya intencíon es la de presentarse tanto en España como en Latinoamérica.

En paralelo a esta iniciativa, Ras Kuko publicaría en 2015 su tercer trabajo discográfico, *Bass Kulcha*, quince nuevas canciones de melodías roots y dub de corte clásico, con unos perfilados ritmos y letras concienciadas.

Resistencia Suburbana
(Argentina)

Definiéndose a sí mismos como una banda luchadora, practicante de un reggae contestatario en favor de la lucha popular, los derechos humanos y la legalización de la marihuana, Resistencia se formaron en Billinghurst, provincia de Buenos Aires, en 1993 bajo el apelativo de Resistencia Suburbana.

Tras tres años de actuaciones en pequeños garitos porteños, el grupo presentaría su primer trabajo discográfico con medios independientes, *Cuentas Pendientes*, seguido, nada menos que siete años, después por *Resistencia + IVA*, recopilado en el año 2004 junto al anterior en el álbum *Cuentas Pendientes*, *Palabras Poderosas* (que también incluía una versión en castellano de "Iron lion zion", de Bob Marley), y ya en 2003 por *La Unión Verdadera*.

En 2006 Resistencia publicarían *Cosas Que Nadie Oía*, del que se extrajo como single el tema "Por cultivar marihuana", que acabó por convertirlos en una de las bandas de reggae más populares del reggae en castellano.

Tras el lanzamiento del DVD *Worrrsss !!!*, en el mes de octubre de 2009 vería la luz *Con La Fuerza del Mar*.

Lamentablemente, el 23 de mayo de 2012 Luis Alfa, Traska y Uri Castellucci abandonaron el grupo, implicando que por cuestiones de derechos éste pasase a llamarse simplemente Resistencia, nombre que acogía una alineación reformada con Lyon Sandoval como cantante y Vinicius Vidal en la *Alma de Hierro* (2014).

Swan Fyahbwoy
(España)

Nacido como Elán Swan Fernández el 15 de diciembre de 1979 en Madrid, Swan Fyahbwoy comenzó en la música a los once años, siendo posteriormente miembro fundador del colectivo Madrid Dancehall Crew (MDC), comenzando a dedicarse profesionalmente a la música en 2005.

Un año después, grabaría una primera maqueta, *Ni Chance Ni Try*, formada por cinco temas, de entre los que destacan "Nuh real shotta" y "Alianza no trata", que en pocas semanas se convierten en unos de los más descargados en España dentro de la categoría de dancehall.

Este pequeño éxito será el preludio de una discografía formal, compuesta hasta la fecha por los discos *Innadiflames* (2009), para el cual contó con la ayuda de Mario 'Daddy Cobra' Olivares y que le permitió actuar en Latinoamérica; *Extremely Flammable* (2012), trabajo que se vio acompañado por la edición del documental *Fyahbwoy presenta: Extremely Flammable El Documental*, testimonio visual de la grabación de las canciones, y, finalmente, *BL4QKFYAH* (2015), del que sería primer single "Tanto por ti" y que se mezclaría en los estudios Big Yard de Kingston, por Shane Brown.

La particularidad de estas producciones es que fueron costeadas mediante el crowfunding y distribuidas en formato digital, a través de la propia web de Fyahbwoy, como en las plataformas iTunes y Spotify, lo que le ha permitido convertirse en unos pocos años en uno de los referentes del dancehall a nivel internacional. En ello también ha influido el gran número de colaboraciones que Fyahbwoy ha hecho con otros artistas, como Darmo, Ras Kuko, SFDK, Nach o Iván Nieto, entre otros muchos.

Bibliografía y filmografía recomendadas

Biografías

–En castellano:

No Woman, No Cry, de Rita Marley, Ediciones B, 2004

Bob Marley, de Timothy White, Ma Non Troppo, 2008

La Leyenda de Sugar Minott y Youth Promotion, de Beth Lesser, Black Star, 2014

–En inglés:

People Funny Boy, Lee 'Scratch' Perry, de David Katz, Omnibus Press, 2006

Música y cultura

–En castellano:

Sonidos de Condena, de Jorge L. Giovanetti, Siglo XXI, 2001

Rastafaris: La Mística de Bob Marley, de Darío Bermúdez, Kier, 2005

Aggro: Skins + Reggae = TNT, de Rubén Miguel Rangle González, Street Music Publishing, 2010

Kebra Nagast, La Biblia Secreta del Rastafari, Corona Borealis, 2010

50 Años de Música Reggae en España. Ska, Rocksteady y Reggae, de Toni Face y Pedro Gracía Esteban, Pgypg, 2013

Bass Culture; La Historia del Reggae, de Lloyd Bradley, Acuarela Libros, 2014

–En inglés:

The Two Tone History, de George Marshall, ST Publishing, 1993

Roots Rock Reggae: The Oral History of Reggae Music From Ska to Dancehall, de Chuck Foster, Billboard Books, 1999

Reggae and Caribbean Music, de Dave Thompson, Backbeat Books, 2002

Tighten Up!, The History of Reggae in The UK, de Mark Griffiths y Michael de Koningh, Sanctuary Publishing, 2004

Trench Town Reggae, En las Calles de Bob Marley, de Hélène Lee, Océano Librerías, 2005

Caribbean Popular Music: an Encyclopedia of Reggae, Mento, Ska, Rocksteady and Dancehall, de David Moskowitz, Greenwood Press, 2005

Ska: An Oral History, de Heather Augustyn y Cedella Marley, McFarland & Co., 2010

Album Cover Art of Studio One Records, de Stuart Baker, Soul Jazz Records, 2011

Solid Foundation; An Oral History of Reggae, de David Katz, Jawbone, 2012

The Encyclopedia of Reggae: The Golden Age of Roots Reggae, de Mike Alleyne, Sterling, 2012

Official Dictionary of Jamaican Reggae and Dancehall Stars, Vol. 1, de Sean Harris, LMH Publishing, 2014

Filmografía

The Harder They Come (1972). Director: Perry Henzell. Jimmy Cliff encarna a Ivanhoe 'Ivan' Martin, un campesino que se convierte en cantante. La película introdujo el reggae en Estados Unidos.

Roots, Rock, Reggae (1977). Director: Jeremy Marre. The Abyssinians, Dennis Brown, Jimmy Cliff, Inner Circle, Bob Marley, Jacob Miller, Lee 'Scratch' Perry. Notable documental que refleja la escena musical de mediados de los años setenta en Jamaica.

Rockers (1978). Director: Ted Bafaloukos. Jacob Miller, Gregory Isaacs, Burning Spear, Big Youth, Dillinger. Acompañada de un excelente álbum que recogía su banda sonora, y que incluía, entre otros, temas como "Police and thieves", de Junior Murvin, "We 'a' rockers", de Inner Circle, o "Satta massagana", de Third World.

Reggae in Babylon (1978). Director: Wolfgang Büld. Alton Ellis, Steel Pulse. Documental que muestra la incursión del reggae en Gran Bretaña en los años setenta.

Heartland Reggae (1980). Director: James P. Lewis. Dennis Brown, Jacob Miller, Bob Marley, U-Roy... Testimonio visual del One Love Peace Concert, celebrado en Kingston en 1978.

Dance Craze (1981). Director: Joe Massot. The Beat, The Specials, The Selecter, The Bodysnatchers. Documental sobre el movimiento británico 2 Tone.

Caribbean Nights: The Bob Marley Story (1982). Directores: Charles Chabot y Jo Mendell. Uno de los mejores documentales sobre Bob Marley.

Stepping Razor: Red X (1993). Director: Nicholas Campbell. Documental sobre Peter Tosh

The Upsetter (2008). Directores: Ethan Higbee y Adam Bhala Lough. Documental sobre la vida de Lee 'Scratch' Perry

Reggae Britannia (2011). Director: Jeremy Marre. Aswad, Big Youth, Musical Youth, Maxi Priest, Max Romeo, UB40... Documental sobre la influencia del reggae en la música británica.

En la misma colección:

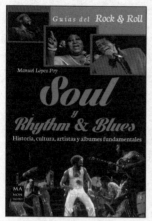

Soul y rhythm & blues
Manuel López Poy

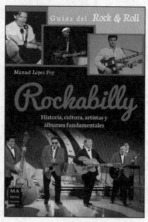

Rockabilly
Manuel López Poy

Dance Electronic Music
Manu González

Heavy Metal
Andrés López Martínez

Hard Rock
Andrés López Martínez

Rockeras
Anabel Vélez

Bob Dylan
Manuel López Poy